MONICA STEVENS

INGLES
SIN MAESTRO
PARA
EJECUTIVOS

SELECTOR
actualidad editorial

SELECTOR
actualidad editorial

Doctor Erazo 120
Colonia Doctores
México 06720, D. F.

Tels. 588 72 72
Fax: 761 57 16

INGLÉS SIN MAESTRO PARA EJECUTIVOS

Portada: Sergio Osorio

ISBN-13:978-968-403-628-4
ISBN-10:968-403-628-0

Vigésima Cuarta reimpresión. Septiembre 2012.

Contenido

Dedicatoria

To my darling husband Colin and my children Colin William and Ashley with all my love.

CAPÍTULO I
Introducción

Esta obra está dedicada a las personas que, aun sin dominar perfectamente el idioma de Shakespeare, están decididas a incursionar en el mundo internacional de los negocios. Al comerciante que por primera vez exporta o importa mercancías o a quien simplemente negocia con los Estados Unidos, la Gran Bretaña o cualquier otro lugar del mundo.

Como todos sabemos, el inglés es la lengua comercial por excelencia —como lo es el francés en el mundo de la diplomacia— y, hoy en día, la apertura comercial de que disfrutamos lo hace indispensable, no sólo para realizar transacciones a gran escala, sino para aclarar puntos y situaciones, y evitar malos entendidos que significarían una pérdida importante tanto de tiempo como de dinero.

Por todas estas razones, para quien comienza a tener tratos con el extranjero, ya sea por escrito, en forma personal o bien por medio del teléfono, el conocimiento básico de las frases, la terminología y los tecnicismos comerciales, legales, bancarios, etc., adecuados resulta de vital importancia.

Con el objeto de integrarnos convenientemente a nuestro agitado mundo moderno, en el que hay una gran escasez de tiempo —factor elemental en el aprendizaje de un idioma—, y tomando en cuenta el grado de habilidad personal para aprenderlo, he diseñado esta sencilla guía que contiene frases elementales de introducción y de cortesía, utilizables tanto por la vía telefónica como durante una entrevista personal, oraciones cotidianas en lenguaje oral y escrito, conversaciones comerciales y legales, vocabulario técnico, indicaciones sobre cómo redactar una carta de negocios, los errores más comunes, las diferencias entre los distintos tipos de inglés que se hablan en los diferentes países y, sobre todo, una guía de pronunciación sin signos complicados y utilizando solamente los sonidos del alfabeto latino, que facilitará y agilizará la utilización del inglés para las personas que no cuentan con los conocimientos técnicos suficientes, y que requieran utilizar el idioma a la brevedad posible.

El inglés que presento en este libro no es un inglés coloquial (con excepción de las secciones que así lo indiquen); es un inglés estándar, correcto, sencillo y comprensible en cualquier parte del mundo, sin importar nacionalidad ni educación.

En español, las expresiones lingüísticas varían de estado a estado de la República Mexicana, de México a España y hasta de un país latinoamericano a otro. Y lo mismo sucede con el inglés. Así que, con el objeto de aclarar dudas sobre palabras y modismos, he creado las secciones MODISMOS BRITÁNICOS Y DICCIONARIO INGLÉS BRITÁNICO-INGLÉS NORTEAMERICANO, que le darán frases y palabras adicionales, ya que, en el resto de esta obra, he omitido intencionalmente cualquier tipo de término o frase que resulte un modismo local y que pudiera resultar incomprensible en otros lugares del orbe.

Espero sinceramente que esta obra no solamente le ayude a ser un comerciante de gran éxito, un abogado a nivel internacional de gran reputación o un importante elemento dentro del ámbito bancario, sino que también le abra las puertas al maravilloso mundo de los idiomas —que significa abrir las puertas al mundo en general.

CAPÍTULO II

Cómo redactar una carta de negocios en inglés

*L*a redacción de una carta de negocios en inglés es muy similar a una en español. La carta, sin importar el tema que trate, siempre debe llevar:

Español	Inglés	Pronunciación
A. Encabezado o remitente	Heading	jéding
B. Fecha	Date	déit
C. Nombre y dirección del destinatario	Name and address of addressee	néim and adrés of adresí
D. Salutación	Greeting	gríting
E. Contenido	Body	bódi
F. Despedida	Closing	clóusing
G. Firma	Signature	sígnachur

Estos puntos harán que su correspondencia sea clara y precisa, evitando extravíos de información y malas interpretaciones. Ejemplo:

(A) INDUSTRIAS XOCHIMILCO, S.A.
   Av. Toluca No. 200
   Col. San Esteban
   00000 - México, D.F.
   México

                              (B) November 29, 1991

(C) Mr. William A. Stevens
   Tecumseh Products & Co. Ltd.
   20 Bishop Street
   Deep Haven, Iowa 00000
   U.S.A.

(D) Dear Mr. Stevens:

(E) This is just a brief note to reconfirm our agreement to
   receive your shipment of 350 sets of kitchen utensils
   during the next two weeks, in our warehouse in Kansas
   City, Missouri. The bill of lading must be sent together
   with the shipment.

   Best personal regards,

                    (F)   Sincerely,

                    (G)   Roberto Álvarez
                          General Manager

RA: ms
cc: Mr. Philip Stevens
    Tecumseh Products & Co. Ltd.
    London, England

A. Encabezado (Heading)

El encabezado o membrete incluye: nombre de la empresa que envía la carta, dirección completa del remitente, indicando el país de donde procede, al igual que la ciudad y el estado. Recuerde que hay varias ciudades con el mismo nombre en diferentes países y/o estados.

Ejemplo:

Córdoba, Veracruz   Córdoba, España
Tonalá, Chiapas   Tonalá, Jalisco
London, Ontario, Canadá   London, Inglaterra

Si el membrete no aparece ya impreso en el papel, conviene anotarlo o mecanografiarlo ya que, en caso de que fuese un fax, o que se extraviase el sobre, el remitente le permitirá, a quien recibe la carta, conservar los datos de usted y de su empresa.

B. Fecha (Date)

La fecha debe incluir: mes, día y año. Se puede escribir de dos formas:

Para los Estados Unidos: November 29, 1992
Para la Gran Bretaña: 29th November 1992*

* La "th" que sigue al 29 lo convierte en número ordinal. (Consulte la lista de números ordinales que aparece en este libro.)

C. Nombre y dirección del destinatario (Name and address of addressee)

Se debe indicar siempre a quién va dirigida la carta (si la persona tiene un título profesional, éste debe incluirse). Después se anota el nombre de la empresa y la dirección (indicando la ciudad, estado o condado y país). El orden de estos datos debe anotarse tal y como aparece en la información que proporcionó la persona a quien se dirige la carta. Nunca debe traducirse al español ni cambiarse el orden de los datos, pues se corre el riesgo de extraviar la correspondencia.

Ejemplo:

Correcto:

Mr. William A. Stevens
Tecumseh Products & Co. Ltd.
20 Bishop Street
Deep Haven, Iowa 00000
U.S.A.

Incorrecto:

Mr. William A. Stevens
Tecumseh Products & Co. Ltd.
Bishop Street No. 20
Deep haven, Iowa
00000 - U.S.A.

D. Salutación (Greeting)

Si la carta va dirigida a una sola persona, hay varias alternativas para utilizar en la salutación:

Dear Mr. X   Estimado Sr. X
Dear Mrs. X   Estimada Sra. X
Dear Miss X   Estimada Srita. X

Dear Ms. X   Estimada (señora/señorita, cuando no
                          desea definirse un
                          determinado estado civil
                          o en el caso de una divorciada)

Si la carta va dirigida a la empresa, se utilizan las siguientes frases:

Gentlemen: Caballeros:
Dear Sirs: Estimados señores:

E. Contenido (Body)

El contenido es el texto de la carta, que puede ser tan largo o tan corto como desee. Sin embargo, se recomienda utilizar oraciones tan cortas como sea posible, pues disminuyen de manera importante el riesgo de cometer errores. La puntuación es básicamente igual que en español. Únicamente los signos de interrogación y de admiración cambian, ya que sólo se utilizan al final de cada oración.

	Pronunciación
Did you receive our last letter?	¿Did yu ricív aur last léter?
¿Recibió nuestra última carta?	
What a pleasant surprise!	¡Juát a plésent sorpráis!
¡Qué sorpresa tan agradable!	

Si está en términos de amistad con la persona a quien le escribe, puede agregar, al final del contenido, la frase siguiente:

	Pronunciación
Best Personal Regards	Best Pérsonal Rigárds
Saludos personales	

O bien, más formal:

> Looking forward to hearing from you soon, I remain
> Lúking fórward tu jíring from yu sún, ai riméin
> Esperando tener prontas noticias de usted, quedo...

> > Sincerely yours, (etc.)
> > Sinsírli yurs (etc.)
> > Suyo.

F. Despedida (Closing)

La despedida en inglés siempre termina con una coma (,), a diferencia de las cartas en español en que se termina con Atentamente y con un punto. Hay una gran variedad de frases que pueden utilizarse:

Ejemplos:

	Pronunciación
Yours sincerely,	yurs sincirli,
Sincerely yours,	sincirli yurs,
(para la Gran Bretaña)	
Yours truly,	yurs truli,
Very truly yours,	veri truli yurs,
Yours faithfully,	yurs féithfuli,
(más formal)	
Cordially yours,	córdiali yurs,
Yours very truly,	yurs véri truli,
Sincerely,	sincirli,

G. Firma (Signature)

La firma se presenta igual que en español. Primero el nombre y debajo el puesto dentro de la empresa. Los títulos más comunes en la correspondencia de negocios son los siguientes:

Español	Inglés	Pronunciación
Director General	Managing Director	mánaying dairéctor
Gerente General	General Manager	yéneral mánayer
Gerente	Manager	mánayer
Gerente de Compras	Purchasing Manager	pérchasing mánayer
Gerente de Ventas	Sales Manager	Seils mánayer
Presidente del Consejo	Chairman or the Board	chérman of de bord
Agente General	General Agent	yéneral éiyent
Representante	Representative	repriséntativ
Apoderado	Attorney in Fact	atérni in fact
Ejecutivo de Cuenta	Account Executive	acáunt exékiutiv
Secretaria de...	Secretary to...	sécretari tu
Presidente	President	président
Vicepresidente	Vice-President	vais-président
Vicepresidente Ejecutivo	Executive Vice-President	exékiutiv vais-président

Las iniciales de quien dicta y quien mecanografía son optativas y se anotan al igual que en español, mayúsculas para quien dicta y minúsculas para quien mecanografía.

Para indicar que hay copias al carbón, se anotan dos cc juntas y a continuación dos puntos. Esto significa "*carbon copy*" (copia al carbón).

Ejemplo: cc: Mr. Philip Stevens

Para señalar que son varios señores, se utiliza la palabra

Messrs. (señores), después dos puntos y luego una lista de los nombres, como se muestra a continuación:

Ejemplo: cc: Messrs: Philip Stevens
                        John Stevens
                        Sam Stevens

CAPÍTULO III

Frases para una presentación personal adecuada

*C*omo todos sabemos, la primera impresión es la que cuenta y, en el mundo de los negocios, esto se da muy especialmente. La presentación ante los posibles socios puede muy bien representar el éxito o el fracaso de una operación comercial. A continuación encontrará algunas frases con las que le será muy fácil presentarse y conocer a sus futuros asociados causándoles una grata impresión.

La seguridad que le proporciona el conocer y utilizar frases y palabras adecuadas en su primera junta no se cambia por nada. Por eso es importante que lea con cuidado esta sección y que la aproveche al máximo.

Español	Inglés	Pronunciación
Tengo una cita con el Sr./la Sra./ la Srita...	I have an appointment with Mr./Mrs./ Miss...	Ai jav an apóintment wid míster/misis/ /mis...
a las__ en punto	at __ O'clock	at __ oclóq
¿Está él/ella?	Is he/she in?	Is ji/shi in?
¿Está disponible?	Is he/she available?	Is ji/shi avéilabol?
Un momento, por favor.	One moment, please.	Uán móument, plis.

Español	Inglés	Pronunciación
Pase, por favor.	Please come in.	Plis com in.
¿Cómo está usted?	How do you do?	Jáo du yu dú?
Encantado de conocerle.	Pleased to meet you.	Plísd tu mít yu.
Mucho gusto en conocerle.	Very nice to meet you.	Veri náis tu mít yu.
He oído mucho de usted.	I have heard a lot about you.	Ai jav jérd a lot abáut yu.
Mi nombre es... y represento a... ...que es una empresa mexicana...	My name is... and I represent... ...which is a Mexican company...	Mai néim is... and ai reprisént juích is a mécsican compani...
Es un placer conocerle.	It's a pleasure to meet you.	Its a pléshur tu mit yu.
He estado a la espera de conocerle.	I have been looking forward to meeting you.	Ai jav bín lúking fórward tu míting yu.
Bienvenido a México, Sr./ Sra./Srita...	Welcome to Mexico, Mr./ Mrs./Miss...	Wélcom tu Mécsicou, mister/missis/miss...
Gracias por recibirme tan pronto.	Thank you for receiving me so soon.	Thénkiu for recíving mí sou sun.
Le presento a... ...quien es nuestro director general/ general gerente.	May I introduce... ...who is our Managing Director/ General Manager.	Mei ai introdiús... ...ju is aur Mánaying Dairéctor/Yéneral Mánayer.

Español	Inglés	Pronunciación
Buenos Días	Good morning	Gud mórning
Buenas tardes (hasta las 5:30 pm)	Good afternoon	Gud afternún
Buenas noches (a partir de las 6:00 pm)	Good evening	Gud ívning
Buenas noches (al despedirse únicamente)	Good night	Gud náit
Por favor, tome(n) asiento	Please be seated	Plis bi síted
¿Puedo ofrecerles algo?	May I offer you something?	Mei ai ófer yu sómthing?
¿Gusta(n) un café?	Would you like some coffee?	Wud yu láic som cófi?
Por ahora no, gracias.	Not now, thank you.	Not náo, thénkiu.
Sí, por favor sin azúcar.	Yes, please no sugar, just black.	Yes, plis nou shúgar, yost blac
un terrón de azúcar	one lump of sugar	uán lomp of shúgar
una cucharadita de azúcar	one spoonful of sugar	uán spúnful of shúgar
Tal vez más tarde	Maybe later	Méibi léiter
El propósito de esta junta es...	The purpose of this meeting is to...	De pérpos of dis míting is tu...

Español	Inglés	Pronunciación
...explicarle...	...explain to you...	...expléin tu yu...
...aclararle...	...clarify to you...	...clarifái tu yu...
...mostrarle...	...show you...	...shou yu...
...presentarle (ya sea a alguien o algo)	...present to you...	...prisént tu yu...
...hacerle conocer...	...introduce you to...	...introdiús yu tu...
...nuestra línea de... productos...	...our product... line...	...aur pródoct láin...
...nuestra línea de... servicios...	...our range of services...	aur réinch of sérvices...
Nos interesa representar a su empresa	We are interested in representing your company	Wi ar íntrested in reprisénting yur cómpani
...manejar sus productos...	...handling your products...	jándling yur pródocts...
...ser sus agentes en México...	...being your agents in Mexico...	bíing yur éiyents in mécsicou...
¿Bajo qué condiciones?	Under what terms?	Onder jüát terms?
¿De qué porcentaje estamos hablando?	What percentage are we talking about?	Juát percéntach ar wi tóking abáut?
¿Es su última oferta?	Is this your last offer?	Is dis yur last ófer?

Español	Inglés	Pronunciación
Nos gustaría extender nuestro negocio	We would like to expand our business.	Wi wud láic tu expánd aur bísnes.
Por favor, avísenos.	Please let us know.	Plis let os nou.
Gracias por su tiempo.	Thank you for your time.	Thénkiu for yur táim.
Fue un placer conocerle.	It was a pleasure meeting you.	It was a pléshur míting you.
Déjenos saber su decisión, por favor.	Please let us know your decision.	Plis let os nou yur disíshon.
Consideraremos su propuesta.	We will consider your proposal.	Wi wil consíder yur propóusal.
Estudiaremos su propuesta.	We will study your proposal.	Wi wil stódi yur propóusal.
Consideraremos su oferta.	We will consider your offer.	Wi wil consíder yur ófer.
Por favor manténganse en contacto.	Please keep in touch.	Plis kip in tóch.

CAPÍTULO IV

La despedida en los negocios

A sí como la salutación al comienzo de una junta es de vital importancia, también lo es la última impresión que se deja, ya sea por parte del visitante o del visitado.

Una frase adecuada, amable y correcta es siempre indicio de que la buena impresión recibida en un principio fue la acertada.

A continuación encontrará una lista de frases de despedida que pueden serle de utilidad.

Español	Inglés	Pronunciación
Buenas noches y gracias por todo.	Good night and thank you for everything.	Gud náit and thénkiu for évrithing.
De nada	You're welcome	Yur wélcom
El placer es mío	The pleasure is mine.	De pléshur is máin
Esperamos verle de nuevo muy pronto	We look forward to seeing you again soon	Wi luk fórward tu síing yu aguén sún

Español	Inglés	Pronunciación
Estaremos a la espera de sus noticias	We'll be looking forward to hearing from you	Wil bi lúking fórward tu jíering from yu
Estaremos en espera de su muestrario	We look forward to receiving your samples	Wi luk fórward tu ricíving yur sámpols
Fue un placer conocerle	It was a pleasure meeting you	It was a pléshur míting yu
Fue un placer verle nuevamente	It was a pleasure seeing you again	It was a pléshur síing yu aguén
Gracias por su tiempo	Thank you for your time	Thénkiu for yur táim
Gracias por venir a vernos	Thank you for coming to see us	Thénkiu for cóming tu sí os
Nos mantendremos en contacto	We'll keep in touch	Wil kip in toch
Le avisaremos	We'll let you know	Wil let yu nou
Por favor manténganos informados acerca de cualquier novedad	Please keep us posted as to any new developments	Plís kíp os póusted as tu éni niú divélopments

CAPÍTULO V

Las frases más usuales de la correspondencia en inglés

Al igual que en español tenemos frases hechas que se utilizan comúnmente en las cartas comerciales, lo que se conoce como "machotes", en inglés también existen muchas frases similares, que se utilizan para escribir correspondencia.

Dichas frases son muy útiles y fáciles. Y el conocerlas bien, practicarlas o tenerlas anotadas, le será de gran ayuda al momento de escribir una carta.

A continuación encontrará un listado de las frases y oraciones más utilizadas en la correspondencia en inglés. De Gran Bretaña a Estados Unidos, y del Canadá a Australia, estas frases resultarán comprensibles en todo lugar de habla inglesa.

Español	Inglés	Pronunciación
A continuación sírvase encontrar	Following please find...	Fólowing plis fáind...
A decir verdad...	As a matter of fact...	As a máter of fáct...
A partir de (fecha)...	As of ___ ...	As of ___ ...

Español	Inglés	Pronunciación
A pesar de...	In spite of...	In spáit of
A quien corresponda	To whom it may concern	Tu júm it méi concern
A su debido tiempo...	In due course...	In diú cors...
Acusamos recibo de...	We acknowledge receipt of...	Wi acnóulech ricít of...
Adjunto encontrará...	Attached you will find...	Atáchd yu wil fáind...
Afortunadamente...	Fortunately...	Fórchunatli...
Agradeceremos...	We will appreciate...	Wi wil apríshieit...
...bajo ninguna circunstancia...	...on no account...	...on nou acáunt...
...corregirlo a uno acerca de...	...to set one straight about...	...tu set uán stréit abáut...
Creemos firmemente que...	We firmly believe that...	Wi férmli bilív dat...
Cuando usted lo desee...	Whenever you wish...	Juenéver yu wish...
De hecho, ...	In fact, ...	In fact, ...
Desafortunadamente...	Unfortunately...	Onfórchunatli...

Español	Inglés	Pronunciación
En este momento...	Presently...	Présentli...
En realidad...	Actually...	Ákchuali...
En un futuro próximo...	In the near future...	In de níer fiúchur...
enfatizar...	make a point of...	méik a point of...
Esperamos saber de usted	We look forward to hearing from you	Wi luc fórward tu jíering from yu
Estamos conscientes del hecho...	We are aware of the fact...	Wi ar awér of de fact...
estar contra...	(to) be set against...	bi set aguénst...
Gracias de antemano	Thank you in advance	thénkiu in advans
Gracias por su ofrecimiento	Thank you for your offer	Thénkiu for yur ófer
Gracias por su última carta	Thank you for your last letter	Thénkiu for yur last léter
haber perdido práctica	be out of practice	tu bi áut of práctis

Español	Inglés	Pronunciación
Investigaré esto	I will look into this	Ai will luc íntu dis
Mantenga cruzados los dedos	Keep your fingers crossed	Kip yur fínguers crósd
Puede estar seguro de que...	You may rest assured that...	Yu mei rest ashúrd that...
Sin duda alguna	Without a doubt	Widáut a dáut
suscrito (el)	the undersigned	di óndersáind
... tan pronto como sea posible...	... as soon as possible...	... as sún as pósibol...
Últimamente...	Lately.../recently...	Léitli.../rícentli...

CAPÍTULO VI

Expresiones idiomáticas
en inglés

*E*n inglés existen algunas frases ya hechas que se utilizan con gran frecuencia y que se conocen como expresiones idiomáticas. Dichas frases abarcan distintos temas y parece haber una para cada ocasión.

Así como en español decimos: "me cae gordo", "si mi abuela tuviera ruedas, sería bicicleta", "¡miren quién habla!", "salió de volada", "echarse una siesta", etc., de igual forma, en inglés hay ciertas frases coloquiales que es importante conocer para facilitar la comprensión y el uso adecuado del idioma.

Las frases que a continuación se enlistan son las de más frecuente uso en las relaciones comerciales. Espero le sean de utilidad y le ayuden a proporcionar la imagen que usted desea brindar a las personas a quienes quiera impresionar.

Fíjese bien en los ejemplos que aparecen debajo de cada frase, y así las utilizará con toda corrección.

Español	Inglés	Pronunciación
En los ojos de... La belleza está en los ojos de quien la mira.	*In the eye of...* Beauty is in the eye of the beholder.	*In di ái of...* Biúti is in di ái of de bijóulder.
A sangre fría El acusado mató a su esposa a sangre fría.	*In cold blood* The defendant killed his wife in cold blood.	*In cóuld blod* De diféndant kíld jis wáif in cóuld blod.
A su debido tiempo Le avisaremos a su debido tiempo.	*In due course* In due course, we will let you know.	*In diú cors* In diú cors, wi wil let yu now.
Acceder a algo, (a regañadientes) Si insistes lo suficiente, podría acceder a tus peticiones.	*(To) give in* If you insist enough, he might give in to your demands.	*(Tu) guív in* Is yu insíst inóf, ji mait guív ín tu yur dimands.
Acercarse a algo Se acerca el momento de pagar nuestras deudas.	*(To) draw near* The time draws near when we will have to pay our debts.	*(Tu) dró niér* De táim dros níer juén wi wil jav tu péi aur dets.
Acercarse al final La celebración se acercó a su fin a las 11:00 de la noche.	*(To) draw to a close* The celebration drew to a close at 11:00 O'clock.	*(Tu) dró tu a clóus* De celebréishon drú tu a clóus at iléven oclóc.

Español	Inglés	Pronunciación
Agotarse Se nos agotó el papel.	*(To) run out* We have run out of paper.	*(Tu) ron áut* Wi jav ron áut of péiper.
Al principio Al principio, era todo sonrisas.	*At first* He was all smiles at first.	*At férst* Ji was ol smáils at férst.
Al recibir... Pagaremos al recibir la mercancía.	*Upon receipt of...* We will pay upon receipt of the goods.	*Opón ricít of...* Wi wil péi opón ricít of de guds.
Alcanzar Estoy por alcanzar mi objetivo.	*(To) get at* I am getting at my planned objective.	*(Tu) guét at* Ai am guéting at mái pland obyéctiv
Ameno, cordial Ese hombre es muy cordial.	*Easy going* That man is very easy going.	*Izi góuing* Dat man is véri ízi góuing
Año bisiesto En un año bisiesto hay 29 de febrero.	*Leap year* In a leap year there is a February 29th.	*Lip yíer* in a lip yíer der is a Fébruari tueninuáind.
Apenas a tiempo La mercancía llegó apenas a tiempo.	*In the nick of time* The merchandise arrived in the nick of time.	*In de nic of táim* De mérchandais arráivd in de nic of táim.
Arreglar un *escaparate* El decorador	*(To) dress a* *window* The decorator	*(Tu) dres a wíndou* De decoréitor wil

Español	Inglés	Pronunciación
arreglará el escaparate para Navidad.	will dress the window for Christmas.	dres de wíndou for Crísmas.
Arriesgarse, jugar con fuego Ése es un negocio peligroso. Estás jugando con fuego.	*(To) play with fire* That is dangerous business. You're playing with fire.	*(Tu) pléi wid fáyer* Dat is déinyeros bísnes. Yur pléying wid fáyer.
Asistente indispensable Alex es su asistente indispensable.	*Righ-hand man* Alex is his right-hand man.	*Ráit-jand mand* Alex is jis ráit-jand man.
Brindar por... Brindaré por tu éxito.	*(To) drink to...* I will drink to your success.	*(Tu) drink tu...* Ai wil drink tu yur socsés.
Burlarse de... No debemos burlarnos de nuestros mayores.	*(To) make fun of...* We must not make fun of our elders.	*(Tu) meik fon of...* Wi most not méik fon of aur élders.
Caer en la costumbre de... No caigas en la costumbre de comer todo el día.	*(To) fall into the habit of...* Don't fall into the habit of eating all day long.	*(Tu) fol intu de jábit of...* Dount fol intu de jábit of íting ol dei long.
Calcular Estoy tratando de calcular el costo de ese traje.	*(To) figure out* I am trying to figure out the cost of that outfit.	*(Tu) fíguiur áut* Ai am tráying tu fíguir áut de cost of dat áutfit.

Español	Inglés	Pronunciación
Calmarse Tu padre está demasiado enojado. Deja que se calme antes de darle explicaciones.	*(To) cool off* Your father is too angry. Let him cool off before you explain yourself.	*(Tu) cul óf* Yur fáder is tú ángri. Let jim cul óf bifór yu expléin yoursélf.
Cambiar de opinión Espero que cambies de opinión acerca de nuestro nuevo empleado.	*(To) change your mind* I hope you change your mind about our new employee.	*(Tu) chéinch your máind* Aí jóup yu chéinch yur máind abáut aur niú employí.
Cancelar un evento El juego de beisbol se canceló debido al clima.	*(To) call off* The baseball game was called of because off the weather.	*(Tu) col óf* De béisbol guéim was cóld óf bicós of de wéder.
Como último recurso Le pediríamos dinero a tu padre como último recurso.	*As a last resort* We'd ask your father for money as a last resort.	*As a lást risórt* Wíd ask yur fáder for móni as a last risórt.
Completamente nuevo Por sólo 25 000 dólares consiguió un Mercedes Benz nuevecito.	*Brand new* For only $ 25 000 he got a brand new Mercedes Benz.	*Brand niú* For óunli tuénti fáif tháuzend dólars ji got a brand niú Mercedes Benz.

Español	Inglés	Pronunciación
Completamente seguro de algo	*Dead certain/dead sure*	*ded cérten/ded shur*
Estoy completamente seguro de su honestidad.	I'm dead certain about his honesty.	Ai am ded cérten abáut jis ónesti.
Con temor de	*In fear of*	*In fíer of*
Yo vivo con temor de perder mi trabajo.	I live in fear of losing my job.	Ai liv in fíer of lúsing mai yob.
Confiar en	*(To) depend on, upon*	*(Tu) dipénd on, opón*
Sabes que puedes confiar en tu hermano si las cosas se ponen difíciles.	You know you can depend on your brother if things get tough.	Yu nou yu can dipénd on yur bróder if things guet tof.
Conservar la dignidad o el prestigio de uno	*(To) save face*	*(Tu) séiv féis*
Para conservar nuestro prestigio, tuvimos que aceptar sus nuevas condiciones.	To save face, we had to accept his new conditions.	Tu séiv féis, wi jad tu acsépt jis niú condíshons.
Construido de tal forma que hasta un tonto puede utilizarlo sin cometer errores	*Fool-proof*	*Fúl-pruf*
Este manual es tan fácil que resulta a prueba de tontos./	This manual is so easy that it is fool-proof.	Dis mániual is sou ízi dat it is fúl-pruf.

Español	Inglés	Pronunciación

Este manual es tan
fácil que no tiene pierde.

Continuar
Debes continuar
estudiando inglés.

(To) go on
You must go on
studying English.

(Tu) gou on
Yu most gou on
stódiing ínglish.

Vigilar
Déjame vigilar al
plomero para
asegurarme de que
está haciendo su
trabajo.

(To) check on
Let me check on
the plumber to
make sure he is
doing his job.

(Tu) chec on
Let mi chéc on de
plómer tu méik
shur ji is dúing jis
yob.

Dar en el clavo
Cuando dijiste que
fue Fred, diste en el
clavo.

*(To) hit the nail on
the head*
When you said it
was Fred, you hit
the nail on the head.

*(Tu) jit de neil on de
jed*
Juén yu sed it was
Fred, yu jit de neil
on de jed.

Darse de topes
Me quiero dar de
topes por haber
pasado por alto el
número ganador.

(To) kick yourself
I could kick myself
for missing the
winning number.

(Tu) kic yursélf
Ai cud kik maisélf
for mísing de
wíning nómber.

Echar un ojo
Por favor échale un
ojo a mi hija mientras
voy de compras.

(To) keep an eye on
Please keep an eye
on my child while I
go shopping.

(Tu) kip an ai on
Plis kip an ai on mai
chaild juáil ai gou
shóping.

Español	Inglés	Pronunciación
De guardia	*On duty*	*On diúti*
Ese soldado está de guardia, así que no le hables.	That soldier is on duty, so you must not talk to him.	Dat sóuldier is on diúti, so yu most not tok tu jim.
De hecho	*In fact/as a matter of fact*	*In fact/as a máter of fact*
De hecho, ya hemos elegido los colores.	In fact, we have already chosen the colors.	In fact, wi jav ólredi chóusen de cólors.
De hecho, ya está terminando.	As a matter of fact, it's already done.	As a máter of fact, its ólredi dón.
De vez en cuando	*Every now and then*	*Évri náo and dén*
De vez en cuando nos gusta ir al teatro.	Every now and then we like to go to the theater.	Évri náo and dén wil láik tu gou tu de thíeter.
Deducir (sacar conclusiones)	*(To) put two and two together*	*(Tu) put tu and tú tuguéder*
Si sacas conclusiones, te darás cuenta de que había algo raro en su actitud.	If you put two and two together, you will realize there was something wrong with his attitude.	If yu put tú and tú tuguéder yu wil rialáis der was sómthing rong wid jis átitiud.
Desaparecer (moda, etcétera)	*(To) die out*	*(Tu) dái áut*
Los "blumers" y las faldas largas desaparecieron hace años.	Blumers and long skirts died out years ago.	Blúmers and long skérts dáid aut yíers agóu.

Español	Inglés	Pronunciación
Descorazonarse No te descorazones respecto a este negocio. Las cosas van a mejorar.	*(To) lose heart* Don't lose heart about this business. Things will improve.	*(Tu) lus jart* Dóunt lus jart abáut dis bísnes. Things wil impruv.
Descomponerse Mi carro se descompuso en despoblado.	*(To) break down* My car broke down in the middle of nowhere.	*(Tu) bréik dáun* Mai car brúk dáun in de mídol of nóujuer.
Descubrir el pastel Cuando mencionó al nuevo socio, descubrió el pastel.	*(To) let the cat out of the...* When she mentioned the new partner, she let the cat out of the bag.	*(Tu) let de cat áut of de...* Juén shi ménshond de niú pártner, shi let de cat aut of de bag.
Disculparse (humildemente) por algo que se dijo. Una vez que ella se explicó, tuve que disculparme por lo que dije.	*(To) eat one's words* After she explained herself, I had to eat my words.	*(Tu) it uáns wérds* áfter shi expléind jersélf, ai jad tu it mai wérds.
Dividir un pago entre dos por igual (pagar a la americana) ¿Por qué no comemos en aquel restaurante nuevo y nos dividimos la cuenta?	*(To) go Dutch* Why don't we go Dutch and eat at that new restaurant?	*(Tu) gou dóch* ¿Juái dount wi gou doch and it at dat niú restorant?

Español	Inglés	Pronunciación
En buenas manos El negocio está en buenas manos.	*In good hands* The business is in good hands.	*In gud jands* De bísnes is in gud jands.
En caso de En caso de que se vaya la luz, podemos utilizar velas.	*In the event of* In the event of a power failure, we can use some candles.	*In di ivént of* In de ivént of a páuer féiliur, wi can yus som cándols.
En déficit Si aún estamos en déficit para el año próximo, tendremos que liquidar la compañía.	*(To) be in the red* If we are still in the red next year, we will have to go into liquidation.	*(Tu) bi in de red* If wi ar stil in de red next yíer, wi wil jav tu gou intu líkuidéishon.
En despoblado Su nueva casa está en despoblado.	*In the middle of nowhere* Their new house is in the middle of nowhere.	*In de mídol of nóujuer* Deir niú jáus is in de mídol of nóujuer.
En la ignorancia Estamos en la ignorancia total acerca de cómo controlar la contaminación en México.	*In the dark* We are in the dark about how to control the pollution in Mexico.	*In de dark* Wi ar in de dark abáut jáo tu control de polúshon in Mécsicou.

Español	Inglés	Pronunciación
En lo que respecta a En lo que respecta a su información, no estoy segura de que sea correcta.	*Insofar as* Insofar as his information is concerned, I am not sure it is right.	*Insoufár as* insoufár as jis informeishon is concérnd, ai am not shur it is ráit.
En punto La junta dará comienzo a la una en punto.	*On the dot* The meeting will start at 1:00 on the dot.	*On de dot* De míting wil start at uan on de dot.
En todas direcciones Los niños corrieron en todas direcciones menos en la correcta.	*Every which way* The children ran every which way but the right way.	*Évri juich wei* De chíldren ran évri juích wei bot de ráit wei.
Encrucijada He llegado a una encrucijada. No le encuentro solución a este problema.	*Dead-end* I've reached a dead-end. I cannot find a solution to this problem.	*Dédend* Aiv ríchd a dédend. Ai canót faind a solúshon tu dis próblem.
Enfurecerse No te enfurezcas por tonterías.	*(To) blow one's top* Don't blow your top about stupid things.	*(Tu) blou uans top* Dount blou yur top abáut stiúpid things.
Envecejer Ya no puedo correr	*(To) get along in years* I cannot run so	*(Tu) guet alóng in yíers* Ai canót ron sou fast

Español	Inglés	Pronunciación
tan rápido, pues estoy envejeciendo.	fast now, as I am getting along in years.	nao, as ai am guéting alóng in yíers.
Estar a cargo de Estoy a cargo del sistema de computación para toda la compañía.	*(To) be in charge of* I am in charge of the computer system for the whole company.	*(Tu) bí in charch of* Ai am in chárch of the compiúter sístem for de jóul cómpani.
Estar bien económicamente Ese tipo siempre ha estado bien económicamente porque su padre es millonario.	*(To) be on easy street* That man has always been on easy street because his father is a millionaire.	*(Tu) bi on ízi strít* Dat man jas ólweis bin on ízi strít bicós jis fáder is a mílioner.
Estar harto Estoy harto de su ineficiencia.	*(To) be fed up* I am fed up with his inefficiency.	*(Tu) bi fed op* Ai am fed op wid jis inefíshensi.
Estar preocupado por... Me preocupa su salud.	*(To) be concerned about...* I am concerned about his health.	*(Tu) bi concérnd abáut...* Ai am concérnd abáut jis jelth.
Estirar la pata (morir, frase coloquial) ¡Oye, mano! ¿Supiste que el viejo estiró la	*(To) kick the bucket* Hey, man! Did you hear that the old	*(Tu) kik de bóket* Jei, man! ¿Did yu jíer dat di ould man kikd

Español	Inglés	Pronunciación
la pata anoche?	man kicked the bucket last night?	de bóket last náit?
Fecha límite Nuestra fecha límite para entregar la mercancía es la próxima semana.	*Deadline* Our deadline to deliver the merchandise is next week.	*Dédlain* Aur dédlain tu dilíver de mérchandais is next wik.
Frente a frente Por fin estamos frente a frente.	*Face to face* At last we are face to face.	*Féis tu féis* At last wi ar féis tu féis.
Ganar interés sobre el capital Para poder ganar intereses más altos, debemos invertir más dinero.	*(To) draw interest* In order to draw a higher interest, we must invest more money.	*(Tu) dró ínterest* In órder to dró a jáyer ínterest, wi most invést mor móni.
Gasolinera ¿Dónde puedo encontrar una gasolinera?	*Service station/ filling station* Where can I find a service station?	*Sérvis stéishon /fíling stéishon* ¿Juér can ai faind a sérvis stéishon?
Girar un cheque Por favor házme un cheque antes de irte.	*(To) draw a check* Please draw me a check before you go.	*(Tu) dró a chec* Plis dró mi a chec bifór yu gou
Grosería verbal (mala palabra) No es correcto	*Four-letter word* It is very	*For-léter wérd* It is véri inaprópriet

Español	Inglés	Pronunciación
utilizar malas palabras en una junta.	inappropriate to use a four-letter word in a meeting.	tu yus a for-léter wérd in a míting.
Hacer castillos en el aire Él nunca hará nada. Siempre está haciendo castillos en el aire.	*(To) build castles in the air* He will never amount to anything. He is always building castles in the air.	*(Tu) bild cásols in di er* Ji wil néver amáunt tu énithing. Ji is ólweis bílding cásols in di er.
Hacer lo que le venga en gana. No sé cómo, pero siempre hace lo que le viene en gana.	*(To) get away with murder* I don't know how she does it, but she can get away with murder.	*(Tu) guet awéi wid mérder* Ai dount nou jao shi dos it, bot shi can guet awéi wid mérder.
Hacer una comparación entre... Si hacemos una comparación entre los dos socios, encontraremos que uno de ellos trabaja más que el otro.	*(To) draw a parallel between* If we draw a parallel between the two partners, we will find that one is working harder than the other.	*(Tu) dró a páralel bituín* If wi dró a páralel butuín de tú pártners, wi wil faind that uan is wérking járder dan di óder.
Hermano/hermana Mi hermana es 12 años menor que yo.	*Sibling* My sibling is 12 years younger than me.	*Síbling* Mai síbling is tuélf yíers yonguer dan mí.

Español	Inglés	Pronunciación
Incendiar La policía descubrió que fue el gerente quien incendió la bodega.	*(To) set fire to* The police discovered that it was the manager who set fire to the warehouse.	*(Tu) set fáyer tu* De polís discóverd dat it was de mánayer ju set fáyer to de wérjaus.
Intermediario Para mantenernos en contacto, utilizamos a la sirvienta como intermediaria.	*Go-between* In order to keep in contact, we used the maid as a go-between.	*Gou-bituín* In órder to kip in cóntact, wi yusd de meid as a goubituín.
Interrogar Por favor, interrogue al testigo.	*(To) cross-examine* Please, cross-examine the witness.	*(Tu) cros-exámin* Plis, cros-exámin de wítnes.
Jugar limpio Jugar limpio es importante en todo tipo de competencia.	*Fair play* The idea of fair play is important in all sorts of competitions.	*Fer pléi* De aidía of fer plei is impórtant in ol sorts of competíshons.
Mala jugada Esto es muy raro. Sospecho que hubo una mala jugada.	*Foul play* This is very strange. I suspect foul play.	*Fául pléi* Dis is véri stréinch. Ai sospéct fául pléi.
Malentender No me malentiendas. Sí quiero que vengas, sólo que más tarde.	*(To) get one wrong* Don't get me wrong, I do want you to come, only later.	*(Tu) guet uán rong* dount guet mi rong, ai du güant yu tu com, ounli léiter.

Español	Inglés	Pronunciación
Manténme informado Manténme informado acerca de cualquier nuevo suceso.	*Keep me posted* Keep me posted as to any new developments.	*Kip mi pousted* Kip mi pousted as tu eni niú divélopments.
Matar dos pájaros de un tiro Si vas a Las Vegas de vacaciones y hablas con nuestros socios de allá al mismo tiempo, habrás matado dos pájaros de un tiro.	*(To) kill two birds with one stone* If you go to Las Vegas during your vacation and talk to our partners there at the same time, you will kill two birds with one stone.	*(Tu) kil tú berds wid uan stoun* If yu gou tu Las Vegas diúring yur vakeishon and tok tu aur pártners der at de seim taim, yu wil kil tú berds wid uan stoun.
Milusos Pídele que te arregle la llave del agua. Es un milusos.	*Jack of all trades* Ask him to fix the faucet. He is a jack of all trades.	*Yac of ol treids* Asc jim tu fix de fóset. Ji is a yac of ol treids.
Montacargas Usa el montacargas para subir los platos.	*Dumbwaiter* Use the dumbwaiter to take up the dishes.	*Dómweiter* Yus de dóweiter tu teik op de díshes.
Nacer con suerte y fortuna Esta chica lo tiene todo. Nació con suerte y fortuna.	*(To) be born with a silver spoon in one's mouth* That girl has everything. She was born with a silver spoon in her mouth.	*(Tu) bí born wid a ílver spún in uans maud* Dat guerl jas évrithing. Shi was born wid a sílverspún in jer maud.

Español	Inglés	Pronunciación
No es asunto tuyo	*It's none of your business!*	*Its non of yur bísnes.*
—¿Cuántos años tiene tu esposa?	—How old is your wife?	—¿Jáo ould is yur waif?
—¡No es asunto tuyo!	—It's none of your business!	—Its non of yur bísnes!
No hacer algo necesario	*(To) fail to do something*	*(Tu) feil tu du sómting.*
No trajo esos documentos tan importantes.	He failed to bring those very important documents.	Ji féild tu bring dous véri impórtant dókiuments.
¡No me digas!	*You don't say!*	*Yu dount sei!*
—Ella renunció ayer	—She resigned yesterday	—Shi risáind yésterdei
—¡No me digas!	—You don't say!	—Yu dount sei!
No tiene nada que ver con...	*It has nothing to do with...*	*It jas nóthing tu dú wid...*
Su popularidad no tiene nada qué ver con el puesto de su padre.	His popularity has nothing to do with his father's position.	Jis popiuláriti jas nóthing tu dú wid jis fáders posíshon.
Por todo eso...	*For all that...*	*For ol dát...*
Por todo eso, debo dejar la empresa el mes próximo.	For all that, I must leave the company next month.	For ol dát, ai most liv de cómpani next mond.
Prácticamente nada	*Next to nothing*	*Next tu nóthing*
No quedó prácticamente nada	What was left after the fire, was next to	Juát was left áfter de fáyer, was next

Español	Inglés	Pronunciación
después del incendio.	nothing.	tu nóthing.
Proporcionar indicaciones o información a alguien Como gerente de personal, tú debes proporcionar la información acerca de las reglas de la empresa a la nueva secretaria.	*(To) brief someone* As a Personnel Manager, you must brief the new secretary regarding company rules.	*(Tu) brif sómuan* As a personél mánayer, yu most brif de niú sécretari rigárding cómpani ruls.
Protestar Si no protestas ante esta injusticia, no se hará nada para remediarla.	*(To) cry out* If you don't cry out against this injustice, nothing will be done to correct it.	*(Tu) crai áut* If yu dount crai áut aguénst dis inyóstis, nóthing wil be don tu corréct it.
Publicarse La nueva edición no ha sido publicada todavía.	*(To) come out* The new edition has not come out yet.	*(Tu) com áut* De niú edíshon jas not com áut yet.
Quejarse de algo por inconformidad Su jefe es muy difícil, ya que siempre se queja de todo.	*(To) find fault with* Her boss is very difficult, as he always finds fault with everything.	*(Tu) fáin folt wid* Jer bos is véri díficolt, as ji ólweis fainds folt wid évrithing.

Español	Inglés	Pronunciación
Para variar	*For a change*	*For a chéinch*
Para variar, él está de buen humor.	He is in a good mood for a change!	Ji is in a gud mud for a chéinch.
Personas mayores	*Elders*	*Élders*
Debes respetar a tus mayores.	You must respect your elders.	Yu most rispéct yur élders.
Ponerle un cuatro a alguien	*(To) frame someone*	*(Tu) fréim sómuan*
Ese hombre no es culpable realmente. Alguien le puso un cuatro.	Than man is not really guilty. Someone framed him.	Dat man is not ríli guílti. Sómuan fréimd jim.
Poner todas las esperanzas o el dinero de uno en un solo proyecto	*(To) put all one's eggs in one basket*	*(Tu) put ol uans egs in uan basket*
Si invertimos todo nuestro dinero en este proyecto, estaremos reduciendo nuestras posibilidades de éxito a un solo proyecto.	If we invest all our money in this project, we will have put all our eggs in one basket.	If wi invést ol aur móni in dis próyect, wi wil jav put ol aur egs in uan básket.
Ponerse de moda	*(To) come into style*	*(Tu) com intu stáil*
Las camisas flojas se pondrán de moda el año que entra.	Baggy shirts will come into style next year.	Bágui sherts wil com intu stáil next yíer.

Español	Inglés	Pronunciación
Por ejemplo	*For instance*	*For ínstans*
Por ejemplo, podríamos comprar una casa nueva...	For instance, we could buy a new house...	For ínstans, wi cud bai a niú jáus...
¿Qué te parece?	*How about it?*	*¿Jáo abáut it?*
Vamos a medias con los gastos. ¿Qué te parece?	Let's split the costs. How about it?	Lets split de costs. Jáo abáut it?
Quitar objetos de una mesa u otra superficie plana y dejarla limpia	*(To) clear off/ clear away*	*(Tu) clíer of/ clíer awéi*
Por favor, deja limpio tu escritorio antes de irte.	Please clear off your desk before you go.	Plis clíer óf yur desk befor yu gou.
Quitar obstáculos	*(To) clear the way*	*(Tu) clíer de wei*
El fundador de esta empresa fue quien quitó obstáculos para que tuviera éxito.	The founder of this company was the man who cleared the way for its success.	De fáunder of dis cómpani was de man ju clíerd de weí for its socsés.
Rebajar	*(To) cut down*	*(Tu) cot dáun*
Bajo este nuevo liderazgo, hemos podido rebajar drásticamente nuestros gastos.	Under this new management we have been able to drastically cut down our expenses.	Onder dis niú mánachment wi jav bin éibol tu drásticli cot dáun aur expénses.

Español	Inglés	Pronunciación
Reducir (precios, etcétera)	*(To) bring down*	*(Tu) bring dáun*
¿Será conveniente reducir nuestros precios para Navidad?	Shall we bring down our prices for Christmas?	Shal wi bring dáun aur práices for crísmas?
Reconocer las virtudes de alguien malo o que nos disgusta	*(To) give the devil his due*	*(Tu) guiv de dévol jis diú*
Hay que reconocer que mi suegra es una gran cocinera.	To give the devil his due my mother in law is a great cook.	Tu guív de dévol jis diú mai móder in ló is a greit cuk.
Recuperarse de algún problema o enferme-dad (salir de algo)	*(To) pull through*	*(Tu) pul thrú*
No te preocupes demasiado. Saldremos de ésta, estoy seguro.	Don't worry too much. I am sure we can pull through.	Dount güérri tú moch. Ai am shur wi can pul thrú.
Regalar	*(To) give away*	*(Tu) guiv awéi*
A mi hijo le gusta regalar sus juguetes viejos.	My son likes to give away his old toys.	Mai son laíks tu guív awéi jis óuld tois.
Reparar	*(To) fix*	*(Tu) fix*
¿Puedes reparar la llave del agua, por favor?	Can you fix the water faucet, please?	Can yu fix de wóter fócet, plis?

Español	Inglés	Pronunciación
Retrasarse Ellos siempre se atrasan con sus mensualidades.	*(To) fall behind* They always fall behind with their monthly payments.	*(Tu) fol bijáind* Dei ólweis fol bijáind wid deir mónthli péiments.
Romper a llorar Ella rompió a llorar en cuanto supo lo de su gato.	*(To) burst into tears* She burst into tears as soon as she heard about her cat.	*(Tu) bérst intu tíers* Shi bérst intu tíers as sun as shi jérd abáut jer cat.
Sacar a la luz Debes sacar a la luz la verdad acerca de su nacimiento.	*(To) bring to light* You must bring to light the truth about his birth.	*(Tu) bring tu láit* Yu most bring tu láit de trud abáut jis bérd.
Sacar raja de la situación Aprovechamos los altibajos de la bolsa de valores y, naturalmente, sacamos raja de la situación.	*(To) make a killing* We took advantage of the stock market fluctuations so naturally, we made a killing.	*(Tu) méik a kíling* wi tuk advántach of de stoc márket flokchueishons so náchurali, wi meid e kíling.
Salirse de sus casillas Le pedí dinero nuevamente y de inmediato se salió de sus casillas.	*(To) fly off the handle* I asked him for money again, and he flew off the handle at once.	*(Tu) flái óf de jándol* Ai askd jim for móni aguén, and ji fliú óf de jándol at uans.
Salvar la situación A pesar de la falta de ingresos, estoy segura de que podemos salvar la situación.	*(To) weather the storm* In spite of the lack of income, I am sure we can weather the storm.	*(Tu) wéder de storm* In spáit of de lac of íncom, ai am shur wi can wéder de stórm.

Español	Inglés	Pronunciación
Seguir su corazonada	*(To) follow your instincts*	*(Tu) fólou yur ínstincts*
Sigue tu corazonada y tomarás la decisión correcta.	Follow your instincts and you will take the right decision.	Fólou yur ínstincts and yu wil téik de ráit disishon.
Ser de muy poca importancia	*(To) be of no account*	*(Tu) bi of nou acáunt*
Ese hombre es un socio minoritario; por tanto, su opinión es de muy poca importancia.	That man is a junior partner, therefore his opinion is of no account.	Dat man is a yúnior pártner; dérfor jis oupínion is of nou acáunt.
Ser todo oídos	*(To) be all ears*	*(Tu) bí ol íers*
Está bien. Comienza a decirme qué pasó. Soy toda oídos.	All right. Start telling me what happened. I'm all ears.	Ol ráit. Start téling mí juát jápend. Aim ol íers.
Soñar despierto	*(To) daydream*	*(Tu) déidrim*
Me gusta soñar despierto e imaginar que soy millonario.	I like to daydream and imagine I am a millionaire.	Ai laíc tu déidrim and imáyin ai am a mílioner.
(La) suerte está echada	*The die is cast*	*De dái is cast*
Vamos a ver qué pasa ahora. La suerte está echada.	Let's see what happens now. The die is cast.	Lets sí juat jápens nau. De dái is cast.

Español	Inglés	Pronunciación
Telefonear	*(To) call up; give a buzz; give a ring*	*(Tu) col op; guiv a bóz; guiv a ring*
Llámame cuando tengas opurtunidad.	Give me a buzz when you have a chance.	Guiv mi a boz juén yu jav a chans.
¿Por qué no lo llamas y te disculpas por tu comportamiento?	Why don't you call him up and apologize for your behavior?	¿Juái dount yu col jim op and apóloyaiz for yur bijeivior?
Tener paciencia	*Hold your horses*	*Jould yur jórses*
Ten paciencia y no te precipites a tomar ninguna decisión.	Hold your horses and don't take any rush decisions.	Jould yur jórses and dóunt teik eni rosh dicísions.
Tener una ocurrencia	*(To) come up with*	*(Tu) com op wid*
¿Se te ocurre algo para solucionar este problema?	Can you come up with some solution to this problem?	Can yu com op wid som solúshon to dis próblem?
Tener buen ojo	*(To) have an eye for*	*(Tu) jav an ái for*
Mi mamá tiene buen ojo para los brillantes	May mother has an eye for diamonds.	Mai móder jas an ái for dáimonds.
Terminar algo (detenerlo)	*(To) call a halt*	*(Tu) col a jólt*
En cuanto a este juego de póker, me gustaría terminarlo.	As to this poker game, I would like to call it a halt.	As tu dis póuker guéim, ai wud laik tu col it a jólt.

Español	Inglés	Pronunciación
Todo amabilidad Tras lo que su marido le dijo, ella se volvió toda amabilidad.	*All smiles* After what her husband told her, she became all smiles.	**O**l smáils Áfter juát jer jósband tould jer, shi bikéim ol smáils.
Todo el día Para obtener estos resultados, tuvimos que trabajar todo el día.	*All day long* In order to achieve this result, we had to work all day long.	*Ol déi long* In órder to achív this risólt, wi jad tu wérk ol dei long.
Traicionar No me traiciones. Podría resultar peligroso...	*(To) doublecross* Don't doublecross me. It might be dangerous...	*(Tu) dóbolcrós* Dount dóbolcrós mi. It mait bi déinyeros.
Tropezar (encontrarse con) Caminaba yo cerca de la Torre Eiffel cuando tropecé con un gran pintor francés.	*(To) come across* I was walking near the Eiffel Tower and I came across a very good French painter.	*(Tu) com acrós* Ai was wóking níer di Aifel Táuer and ai keim acrós a veri gud french péinter.
Utilizar las influencias de uno Si el jefe utiliza sus influencias, tendremos los papeles firmados de inmediato.	*(To) pull strings* If the boss pulls strings, we will have the papers signed in no time at all.	*(Tu) pul strings* If de bos puls strings, wí wil jav de péipers sáind in nou táim at ol.

Español	Inglés	Pronunciación
Ver feo ¡Le pedí un aumento de sueldo y lo único que obtuve fue que me viera feo!	*(To) give a dirty look* I asked him for a salary raise and all I got was a dirty look!	*(Tu) guív a dérti luk* Ai askd jim for a sálari reis and ol ai got was a dérti luk!
Verano Indio* Durante la última sequía, se echaron a perder todas nuestras cosechas.	*Indian summer* During the last Indian summer, all our crops failed.	*Indian sómer* Diuring de last índian sómer, ol aur crops féild.
Vestir elegantemente (de etiqueta, etcétera) Tendremos que vestirnos de etiqueta para la boda de tu socio.	*(To) dress up* We will have to dress up for your partner's wedding.	*(Tu) drés op* Wi wil jav tu dres op for yur pártners wéding.
¡Vete al diablo! —Vamos a pedirle a tu hermana su coche. — ¡Vete al diablo!	*Go fly a kite!* —Let's ask your sister for her car! —Go fly a kite!	*Gou flái a kait!* —Lets ask yur síster for jer car! —Gou flái a kait!
¿Y qué? No le caigo bien a su hermano —¿Y qué?	*So what?* —Her brother doesn't like me. —So what?	*Sou juát?* —Jer broder dósent láik mi. —¿Sou juat?

* Periodo cálido de sequía a finales del otoño.

Español	Inglés	Pronunciación
¡Ya quisieras!	*You wish!*	*Yu wish!*
—Tendré un abrigo de mink para mi cumpleaños.	—I will have a mink coat for my birthday.	—Ai wil jav a mink cout for mai bérdei.
— ¡Ya quisieras!	—You wish!	—Yu wish!

CAPÍTULO VII

Principales diferencias entre el inglés norteamericano y el inglés británico

1. Algunas palabras terminadas en *-or* en inglés norteamericano cambian a *-our* en inglés británico, aunque la pronunciación continúa siendo la misma.

Inglés norteamericano / inglés británico	Pronunciación	Español
favor - favour	féivor	favor
color - colour	cólor	color
behavior - behaviour	bijéivior	comportamiento
endeavor - endeavour	endévor	esfuerzo
rumor - rumour	rúmor	rumor

2. La mayoría de las palabras terminadas en *-ize* en inglés norteamericano, cambian a *-ise* en inglés británico:

Inglés norteamericano / inglés británico	Pronunciación	Español
civilized - civilised	civiláizd	civilizado
finalize - finalise	fáinalaiz	finalizar

Inglés norteamericano / inglés británico	Pronunciación	Español
characterize - characterise	carácteraiz	caracterizar
organize - organise	órganaiz	organizar
realize - realise	ríalaiz	darse cuenta

3. También las palabras que en inglés norteamericano llevan la sílaba -or- enmedio, cambian a menudo a -our- en inglés británico.

Inglés norteamericano / inglés británico	Pronunciación	Español
favorite - favourite	féivorit	favorito
laborer - labourer	léiborer	trabajador

4. A algunas palabras terminadas en -m en inglés estadunidense se les añade la sílaba -me en inglés británico.

Inglés norteamericano / inglés británico	Pronunciación	Español
program - programme	próugram	programa
gram - gramme	gram	gramo

5. En los Estados Unidos se utiliza mucho más el lenguaje de las iniciales que en la Gran Bretaña:

FBI, NASA, NAFTA, I.O.U., F.O.B., C.O.D., ASAP (as soon as possible)

6. En la Gran Bretaña no se utiliza el término *sir* para hablar con un hombre. Puesto que es un título nobiliario,

sólo se emplea en señal de respeto y para indicar mayor jerarquía (como en el caso del ejército).

Ejemplo:

—Sir Alec Guiness was a splendid actor.
—Yes, sir!

7. Algunas palabras terminadas en *-ter* en inglés estadunidense, cambian a *-tre* en inglés británico:

Inglés norteamericano / inglés británico	Pronunciación	Español
center - centre	cénter	centro
meter - metre	míter	metro
theater - theatre	thiéter	teatro
milimeter - milimetre	milímeter	milímetro

8. En las palabras terminadas en *-et*, en inglés (en general) la pronunciación de la *t* se cambia por una *i*.

Inglés norteamericano / inglés británico	Pronunciación	Español
duvet	diúvei	edredón
Chevrolet	shévrolei	marca de autos
ballet	bálei	ballet

9. Las palabras que en inglés norteamericano se pronuncian como *ai* en alguna sílaba, generalmente se pronuncian como la *i* latina en inglés británico:

| | Pronunciación | | |
	Inglés norteamericano	Inglés británico	Español
privacy	práivasi	prívasi	privacía
director	dairéctor	diréctor	director

10. Algunas palabras terminadas en *zation* en inglés norteamericano cambian a *sation* en el inglés británico.

| Inglés norteamericano / inglés británico | Pronunciación | | Español |
	Inglés norteamericano	Inglés británico	
civilization civilisation	civiláiseishon-civilizéishon		civilización
realization realisation	rialaiséishon-rialiséishon		realización

CAPÍTULO VIII

Diccionario inglés británico-inglés norteamericano

*L*o crea usted o no, existen grandes diferencias entre el inglés británico y el inglés norteamericano.

En realidad no debería sorprendernos, pues sucede lo mismo con el español que se habla en los diferentes países del orbe. Aunque en México se llame *suéter*, en Ecuador se llama *chompa*, y en España *jerséi*. La falda en Uruguay se llama *ranera* y un plátano es llamado *guineo* y *banano* en otros países de Sudamérica. *El mandil* en México es un delantal, mientras que en el Ecuador es la bata de un médico. En España, los deliciosos ostiones significarían una ostia enorme y los frijoles en Uruguay son *porotos*. En fin, que hay muchísimas diferencias.

Debido a ello, para darle una pequeña idea de lo que podría estar diciendo, si cambia de un país a otro de habla inglesa, he incluido este diccionario, pues uno nunca sabe... podría evitarle un disgusto o sacarlo de algún aprieto.

Español	Inglés británico	Inglés norteamericano
abogado	solicitor	lawyer
abuelita	nan	grandma
apartamento	flat	apartment
automóvil	motor	car
autopista	motorway	freeway
avión	aeroplane	airplane
banqueta, acera	curb	sidewalk
baño	toilet, loo	bathroom, restroom
bar	pub, wine bar	bar
billete (dinero)	note	bill
bolso de mano	handbag	purse
buró	bedside cabinet	night table
cajuela del auto	boot	trunk
carreola para bebé	pushchair	stroller
carretera	"A" road	highway
cine	cinema, "pictures"	movies
cinta adhesiva	cellotape	durex,* scotch tape
clóset	fitted wardrobe	closet
cofre del auto	bonnet	hood
comedor empresarial	canteen	cafeteria
cómoda (mueble)	chest of drawers	credenza
conductores de autos	motorists	drivers
conjunto de tiendas	shopping centre	shopping mall
¡con permiso!	pardon me!	excuse me!
correo	post	mail
C.O.D.	cash on delivery	collect on delivery

Español	Inglés británico	Inglés norteamericano
comida enlatada	tinned food	canned food
cuna	cot	cradle
chaleco	vest	waistcoat
cheque	cheque	check
dulces	sweets	candies
elegante	smart*	elegant
elevador	lift	elevator
enviar por correo	to post	to mail
empresa de servicios	utility company	service company
¡estupendo!	brilliant!	terrific!
estufa	cooker	stove
gabardina	trenchcoat, Mack	raincoat
galleta	biscuit	cookie
gasolina	petrol	gas
gasolinera	petrol station	gas station
goma de borrar	rubber*	eraser
hacer fila	queue	stand in line
hilo	sewing cotton	thread
¡hola!	hello!	hi!
hot cakes	hot cakes	pancakes
jefe (muy coloquial)	"governor"	boss
lata	tin	can
listo	bright	smart*
llamada por cobrar	reverse charge call	collect call
llave del agua	tap	faucet
mami	Mum	Mom
metro (transporte)	underground	subway*
muchacho joven	chap	guy
pasaje subterráneo	subway*	underpass

Español	Inglés británico	Inglés norteamericano
ocupado	engaged	busy
preservativo	durex*	rubber*
Santa Claus	Father Christmas	Santa Claus, Saint Nicholas
sombrilla	brollie (muy coloquial)	umbrella
vacaciones	holidays	vacation

* Las palabras marcadas con un (*) indican que al cambiar de país significan cosas muy distintas.

CAPÍTULO IX

Modismos británicos

*L*os británicos son tradicionalistas por excelencia. Conscientes de que la Gran Bretaña es la cuna del idioma inglés que más tarde se "exportó" a muchos otros países, los ingleses no gustan ni de costumbres ni de modismos extranjeros. Así que, mientras más conozca uno acerca de sus pequeños detalles y fraseología típica, más fácil le será ser aceptado por sus futuros socios y mayor respeto recibirá como persona culta y refinada.

Esta lista de frases y modismos británicos le ayudará a participar, aunque sea un poco, de la vida británica y lo acercará al carácter introvertido y dedicado de los habitantes de la Gran Bretaña.

MODISMOS BRITÁNICOS

	Pronunciación	Español
AA (Automobile Association)	éi éi	Asociación Automovilística
ABTA (Association of British Travel Agents)	ABTA	Asociación Británica de Agentes de Viajes

	Pronunciación	Español
"A" road	éi róud	carretera
barrister	bárrister	abogado en la corte
be a sport	bi a sport	ser buena onda
bike	báic	motocicleta
Brilliant!	bríliant!	¡Estupendo!
"B" road	bi róud	camino angosto, de un solo carril
chap	chap	muchacho
coach	cóuch	autobús para pasajeros en carretera
Consumer Protection Act	Consiúmer Protecshon Act	Ley de Protección al Consumidor
cooker	cúker	estufa
Down Under	dáun ónder	Australia
"dough"	dou	dinero, "lana" (muy coloquial)
durex	diúrex	preservativo
duvet	diúvei	edredón
engaged	enguéichd	ocupado(a)
exchange	exchéinch	número telefónico
fridge	frích	refrigerador
galoshes	galóshes	calzado de hule que cubre el zapato normal para protegerlo contra la lluvia
"governor"	góvernorr	jefe (muy coloquial)
Health Care Centre	Jelth Ker Cénter	Clínica de Salud Pública

	Pronunciación	Español
High Tea	Jái ti	un alimento en el que se sirve un gran número de sandwiches de todo tipo (salmón, pepino, queso, etcétera), pastelillos y, por supuesto, té.
holidays	jólideys	vacaciones
Home Office	Jóum ófis	Secretaría de Gobernación
"Hoover"	Júver	aspiradora (muy coloquial)
Jolly good show!	Yóli gud shou!	expresión de tiempos de de la guerra que significa ¡Buen trabajo! o ¡Muy bien hecho!
Limey	láimi	londinense
locally	lóucali	cerca de casa, sea donde sea ésta
loch	Loj	expresión escocesa para "lago"
lorry	lórri	camión grande de carga
"M" road (motorway)	Em róud	autopista
MP (member of Parliament)	em pi	Miembro del Parlamento
motor	móutor	auto (muy coloquial)
old goat	ould góut	hombre viejo (muy coloquial)
puncture	pónkchur	ponchadura de una llanta

	Pronunciación	Español
pushchair	púsh-cher	carreola para bebé
rather nice	ráther náis	muy bonito/agradable
scones	scóuns	panecillos típicos que se comen con un tipo de crema llamada Devonshire Cream a la hora del té.
sleeping policemen	slíping polísmen	topes en la calle o en la carretera
smashing!	smáshing!	¡fantástico!
solicitor	solísitor	abogado
sweets	suíts	dulces, caramelos
the "pictures"	de píkchurs	el cine (muy coloquial)
trainers	tréinors	zapatos tennis
Wellies (Wellington Boots)	Wélis	botas de hule para la lluvia

CAPÍTULO X

Frases y palabras que pueden ocasionar un malentendido

Al cambiar de idioma se debe tomar en cuenta que existen frases y palabras que nos "suenan parecido" al español y que, sin embargo, al traducirse tienen significados muy diferentes. También existen otras que al ir unidas a una preposición cambian su sentido, ocasionando un malentendido.

Hay también casos en los que una sola palabra en inglés puede significar dos cosas distintas y deben conocerse ambos significados para evitar posibles confusiones. En algunos casos, la pronunciación de la palabra se modifica.

Esta sección tiene el propósito de esclarecer situaciones que podrían resultar embarazosas en el intercambio inglés-español.

	Pronunciación
To be embarrassed No significa estar embarazado, sino apenado o mortificado.	tu bí embárrasd
Help yourself No significa que se ayude uno solo porque la otra persona se niega a	jelp yursélf

Pronunciación

ayudarnos, sino "atiéndete por favor,
con la confianza de que estás en tu casa".

By all means   bai ol míns
No significa "de todas las formas
posibles", sino "¡por supuesto!"

Beat around the bushes   bit arráund de
No significa "golpear los arbustos",   búshes
sino "dar rodeos" o "andarse por las ramas".

Actually   ákchuali
No significa "actualmente", sino
"en realidad..."

Presently   présentli
No significa "en el presente", sino
"por el momento" o "actualmente".

Terrific   terrífic
No significa "terrible", sino "fantástico"
o "grandioso".

Immaterial   imatírial
No significa "sin material", sino
"sin importancia".

Stupid   stiúpid
No significa "estúpido" (una palabra
fuerte), sino simplemente "tonto".

Look up   luc óp
No significa "mirar hacia arriba", sino

Pronunciación

buscar algo en un libro o ir en
busca de alguien.

Red tape   red téip
No significa "una cinta roja", sino
burocracia, los largos retrasos oficiales
que a veces resultan innecesarios.

CAPÍTULO XI

¿Qué hacer cuando se recibe una llamada telefónica del extranjero y quien contesta no habla inglés?

Con frecuencia sucede que se está a la espera de una llamada de gran importancia, de la cual depende un negocio de millones de pesos (o de dólares) y cuando dicha llamada llega, resulta que no había nadie en la oficina que pudiera contestarla, ya sea porque la llamada llegó a la hora de la comida o fuera de horas hábiles, lo cual es muy frecuente debido a los cambios de horarios entre los países.

¿Qué hacer en esa situación?

He aquí una pequeña conversación telefónica, que puede sacarle del apuro temporalmente, y que cualquier persona de su empresa puede aprender con facilidad o incluso puede pegarla junto al teléfono para resolver el problema.

CÓMO CONTESTAR EL TELÉFONO CUANDO NO SE HABLA INGLÉS

(*voz en inglés*)
Hello. I am sorry. I do not speak english.
Jelóu. Ai am sórri. Ai du not spic ínglish.
"Hola, lo siento, pero yo no hablo inglés".

Mr. *X* is not here right now.
Míster *X* is nof jíer ráit náo.
El señor *X* no está aquí en este momento.

Please call back at (NÚMERO) Mexico time.
Plis col back at, (NÚMERO) Mecxicou táim.
Por favor llame de nuevo a las (HORA), hora de México.

Esta conversación debe decirse de corrido para evitar que la persona que llama pregunte cosas que quien respondió al teléfono, no podría contestar.

A continuación aparece un listado de números en inglés con su correspondiente pronunciación para utilizarlo al dar la hora a la que deberá volver a llamar el interesado, o bien para indicar entre qué hora y qué hora se encontrará la persona deseada.

LOS NÚMEROS EN INGLÉS

1	One	Uan
2	Two	Tú
3	Three	Thri
4	Four	For
5	Five	Faif

6	Six	Six
7	Seven	Seven
8	Eight	Eit
9	Nine	Nain
10	Ten	Ten
11	Eleven	Iléven
12	Twelve	Tuelv

:30	Thirty	Thérti	(y media)
:15	Fifteen	Fiftín	(y cuarto)
:45	Forty Five	Fortifáif	(y cuarenta y cinco)

Otra opción:

Please ring back between X and X Mexico time.
Plis ring bac bituín X and X Mécsicou taim.
Por favor llame de nuevo entre las X y las X, hora
de México.

En caso de que haya alguien que sí hable inglés en la
oficina, la persona que conteste la llamada y que no habla
inglés, puede decir lo siguiente:

I'm sorry. I do not speak any English. Please let me
get someone who does.
Aim sórri. Ai du not spíc eni ínglish. Plis let mi
guét sómuan ju dós.
Lo siento. Yo no hablo nada de inglés. Por favor déjeme
llamar a alguien que sí lo habla.

One moment please.
Uan móument plis.
Un momento por favor.

CAPÍTULO XII

Los sinónimos

*L*os sinónimos son palabras que quieren decir lo mismo aunque en sí sean distintas. Por ejemplo: responder y contestar; subir y ascender; arribar y llegar; café y marrón.

He aquí una lista de sinónimos en inglés que podrían resultarle útiles al escribir y revisar su correspondencia, así como al entablar una conversación con las personas con quienes desee hacer negocios.

SINÓNIMOS

Español	Inglés	Pronunciación
adicional	spare-additional	sper-adíshonal
cerdo	pig-hog	pig-jog
chiste	joke-jest	yóuk-yest
comenzar	(to) begin-start	(tu) biguín-start
comprar	(to) buy-purchase	(tu) bai-pérchas
confiable	reliable-dependable	riláyabol-dipéndabol
cosecha	harvest-crop	járvest-crop
dañar	(to) injure-harm	(tu) ínyur-jarm
defecto	defect-flaw	dífect-flo

Español	Inglés	Pronunciación
delgado	thin-slender	thín-slénder
demandante	complainant-plaintiff	compléinant-pléintif
desfigurado	deformed-disfigured	difórmd-disfíguiurd
destino	fate-destiny	feit-déstini
diferenciar	(to) differentiate-distinguish	(tu) diferenshiéit-distíngüish
difícil	hard-difficult	jard-díficolt
difunto	dead-deceased	ded-dicísd
dolor	pain-ache	pein-eikq
duplicar	(to) double-duplicate	(tu) dóbol-dúplikeit
enfermo	sick-ill	sic-il
enviar	(to) send-ship-dispatch	(tu) send-ship-dispátch
envío	shipment-remittance	shípment-remítans
establecer, fijar	(to) fix-set	(tu) fix-set
extraer	(to) extract-draw out	(tu) extráct-dró aut
falsificar	(to) counterfeit-falsify	(tu) cáunterfit-folsifái
falso	false-counterfeit	fols-cáunterfit
faltante	shortage-lack of	shórtach-lac of
falto de	devoid of-short of	divóid of-short of
indiferente	lackadaisical-indifferent	lacadéisical-indíferent
indulgencia	indulgence-leniency	indólyens-líniensi
inesperado	unforeseen unexpected	onforsín-onexpécted
inofensivo	inoffensive-harmless	inoufénsiv-jármles
insulto	insult-affront	ínsolt-afrónt

Español	Inglés	Pronunciación
intención	intention - purpose	inténshon - pérpos
investigación	research - investigation	risérch - investiguéishon
jefe	boss- employer	boss - emplóyer
luego	afterwards - later	áfterwords - léiter
mañoso	cunning - sly	cóning - slai
mercancía	goods - merchandise	guds - mérchandais
modelo	pattern - model	pátern - módel
negar	(to) deny - refuse	(tu) dinaí - rifiús
otoño	fall - autumn	fol - ótom
pequeño	little - small	lítol - smol
posesión	possession - ownership	poséshon - óunership
potencia	power - capacity	páuer - capácity
premio	prize - award	práis - awórd
preocupado	concerned - worried	concérnd - wérrid
proyecto	project - design	próyect - disáin
rápido	fast - rapid - quick - swift	fast - rápid - kuic- suíft
reportero	reporter - journalist	ripórter - yérnalist
repugnante	repulsive - repugnant	ripólsiv - ripógnant
resolución	resolution - determination	risolúshon- determinéishon
resto	remainder - balance	riméinder - bálans
reventar	burst - blow up	bérst - blou op
revés	reverse - wrong side	rivérs - rong sáid
romper	break - smash	bréik - smash
roto	broken - smashed	bróuken - smashd
ruin	mean - vile - despicable	min - vail - despícabol
salida	exit - way out	éxit- wei aut
salvar	save - rescue	seiv - réskiu

Español	Inglés	Pronunciación
seguro	safe - secure	seif - sikiúr
semi	semi - partly	sémi - pártli
seña	sing - mark	sain - mark
serpiente	serpent - snake	sérpent - snéik
si (condicional)	whether.../if...	juéther.../if...
significado	sense - meaning	sens - míning
significativo	significant - important	signíficant - impórtant
sincero	frank - sincere	frank - sinsíer
sofocar	(to) suffocate - choke	(tu) sófokeit - chóuk
soportar	(to) endure - bear up	(tu) endiúr - ber op
suceso	event - happening	ivént - jápening
sucio	dirty - filthy	dérti - fílthi
sugerir	(to) suggest - hint	(tu) soyést - jint
suponer	(to) suppose - assume	(tu) supóus - asiúm
terco	obstinate - stubborn	óbstinet - stóborn
valentía	courage - bravery	córach - bréiveri

CAPÍTULO XIII

Los antónimos

*L*as palabras que tienen significados opuestos se llaman antónimos. Así como blanco es contrario a negro, grande es opuesto a pequeño, educado es contrario a rudo; también en inglés hay infinidad de antónimos que es necesario conocer para poder expresarnos con propiedad y aumentar nuestro vocabulario.

He aquí una pequeña lista de los antónimos más comunes en inglés que le puede resultar de gran ayuda.

ANTÓNIMOS

Español	Inglés	Pronunciación
abundante-escaso	plenty-scarce	plénti-skérs
acordar - estar en desacuerdo	(to) agree - disagree	agrí - (tu) disagrí
acuerdo-desacuerdo	agreement-disagreement	agríment-disagríment
adecuado - inadecuado	adequate - inadequate	ádekuet - inádekuet
adentro - afuera	inside - outside	ínsaid - áutsaid
alto - bajo (cosa)	high - low	jai - lou
alto - bajo (persona)	tall - short	tol - short

Español	Inglés	Pronunciación
amanecer - anochecer	sunrise - sunset	sónrais - sónset
aprobar - denegar	(to) allow - disallow	aló - (tu) disaláo
aprobar - reprobar (un examen)	pass - (to) flunk	pass - (tu) flonk
arriba - abajo	up - down	op - daun
asociar - disociar	associate - (to) disassociate	asóushet- (tu) disasóushet
bien - mal (sustantivos)	good - evil	gud - ívol
bien - mal (adjetivos)	well - wrong	wel - rong
blanco - negro	white - black	juáit - blac
bondad - maldad	kindness - evil	káindnes - ívol
brillante - opaco	bright - dull	bráit - dol
cobrar - pagar	charge - (to) pay	charch - (tu) pei
comenzar - terminar	start/begin - (to) finish	start/biguín - fínish
cómodo - incómodo	comfortable - uncomfortable	cómftabol - oncónftabol
comprar - vender	buy/purchase-(to) sell	bai/ pérchas - (tu) sel
confiar - desconfiar	trust - (to) mistrust	trost - (tu) mistrost
correcto - incorrecto	right - wrong	rait - rong
crear - destruir	(to) create - destroy	criéit - distrói
dañino - inofensivo	harmful - harmless	jármful - jármles
derecha - izquierda	right - left	rait - left
día - noche	day - night	dei - nait

Español	Inglés	Pronunciación
difícil - fácil	difficult - easy	díficolt - ízi
discreto - indiscreto	discreet - indiscreet	discrít - indiscrít
duro - suave	hard - soft	jard - soft
embarcar - desembarcar	(to) embark - disembark	embárk - disembárk
emplear - despedir	hire - (to) fire	jáyer - (tu) fáyer
encima - debajo	above - below	abóv - bilóu
enfermedad - salud	sickness - health	sícnes - jélth
enojado - contento	angry - happy/glad	ángri - jápi/glad
extranjero - nacional	foreign - local	fórein - lóucal
falto de - lleno de	short of - full of	short of - ful of
feo - bonito	ugly - pretty	ógli - príti
fresco - seco (fruta, etcétera)	fresh - withered	fresh - wíderd
frío - caliente	cold - hot	could - jot
frío - calor	cold - heat	could - jít
fuerte - débil	strong - weak	strong - wik
fuerza - debilidad	strength - weakness	strengd - wíknes
ganancias - gastos	earnings -expenses	érnings - expénses
grande - pequeño	big - small	big - smol
grueso - delgado	thick - thin	thíc - thín
habilitar - invalidar	enable - (to) disable	enéibol - (tu diséibol
importante - sin importancia	important - unimportant	impórtant - onimpórtant

Español	Inglés	Pronunciación
inteligente - tonto	intelligent - stupid	intéliyent - stiúpid
insertar - suprimir	write in - (to) write off	rait in - (tu) rait of
instruido - ignorante	learned - ignorant	lérned - ígnorant
interesante - aburrido	interesting - boring	íntresting - bóring
levantar - bajar	lift/raise - (to) lower	lift/ reis - (tu) lóuer
limitado - ilimitado	limited - unlimited	límited - onlímited
limpiar - ensuciar	clean - (to) soil	clin - (tu) soil
limpio - sucio	clean - dirty	clin - dérti
liso - áspero	smooth - rough	smuth - rof
malo - bueno	good - bad	gud - bad
más - menos	more - less	mor - les
mayor - menor (edad)	older - younger	óulder - yóunguer
morir - nacer	die - (to) be born	dai - (tu) bi born
muerte - vida	death - life	deth - laif
normal - anormal	normal - abnormal	nórmal - abnórmal
nuevo - viejo	new - old	niú - ould
obtener - perder	obtain - lose	obtéin - lus
orden - desorden	order - disorder	órder - disórder
perder - ganar	lose - win	lus - win
pesado - ligero	heavy - light	jévi- lait

Español	Inglés	Pronunciación
práctico - impráctico	practical - impractical	práctical - impráctical
principio - fin	beginning - end	biguíning - end
prohibir - permitir	forbid - (to) allow	forbíd - (tu) aláo
recordar - olvidar	remember - (to) forget	rimémber - (tu) forguét
reír - llorar	laugh - (to) cry	laf - (tu) crai
responsable - irresponsable	responsible - irresponsible	rispónsibol - irrispónsibol
rico - pobre	rich - poor	rich - pur
seco - húmedo	dry - humid	drai - jiúmid
seco - mojado	dry - wet	drai - wet
siempre - jamás	always - never	ólweis - néver
significativo - insignificante	meaningful - meaningless	míningful - míningles
sencillo - complicado	simple - complicated	símpol - cómplikeited
sin - con	without - with	widáut - wid
subir - bajar (precios)	(to) raise - lower	reis - lóuer
subir - bajar (escaleras)	(to) go up - go down	gou op - gou daun
superior - inferior	higher - lower	jáier - lóuer
todo - nada	everything - nothing	évrithing - nóthing
traer - llevar	(to) bring - take	bring - teik
triste - alegre	sad - happy	sad - jápi
único - común	unique - common	yuníc - cómon
útil - inútil	useful - useless	yúsful - yúsles

Español	Inglés	Pronunciación
válido - nulo	valid - void	válid - void
valioso - sin valor	valuable - worthless	váliuabol - wérthless
verdad - mentira	truth - lie	truth - lai
vivo - muerto	alive - dead	aláiv - ded
zafarse - estar atorado	be rid of - (to) be stuck with	bi rid of - (tu) bi stoc wid

CAPÍTULO XIV

Los homónimos

*L*os homónimos son palabras que suenan igual pero que tienen distinta significación.

Por ejemplo, las palabras *coser* y *cocer*, que se oyen iguales pero que significan cosas muy diferentes (la primera pespuntear y la segunda hervir); así existen innumerables vocablos en inglés que también suenan igual o muy parecido y que quieren decir cosas completamente opuestas.

Esta sección presenta una lista de homónimos en inglés con sus respectivos significados en español, mismos que le podrán ayudar a aclarar dudas y evitar errores y malentendidos.

HOMÓNIMOS EN INGLÉS

Inglés Español	Inglés Español	Pronunciación
ACCESS (acceso, entrada)	EXCESS (exceso)	ácses - éxes
ARM (brazo)	(to) ARM (arma)	arm
BAIL (fianza)	BALE (paca de algodón)	beil

Inglés Español	Inglés Español	Pronunciación
(to) BAIT (cebar)	(to) BATE (bajar un precio)	beit
BILL (recibo, cuenta)	BILL (pico de un ave)	bil
BOY (niño)	BUOY (boya)	boy
BROWSE (curiosear, hojear un libro)	BROWS (cejas)	bráus
(to) BUY (comprar)	BYE (adiós)	bai
CANON (regla, precepto)	CANNON (cañón)	cánon
CAN'T (contracción de "cannot")	CANT (canto; sesgo)	cant
CAPITAL (capital)	CAPITOL (capitolio)	cápitol
CHECK (cheque)	(to) CHECK (verificar)	chek
(to) DIE (morir)	(to) DYE (teñir)	dai
DUE (debido a; caduco)	DEW (rocío)	diú
DUTY (derechos de aduana)	DUTY (deber)	diúti
FAIR (bello, justo, feria)	FARE (cuota)	fer
FIRE (fuego)	(to) FIRE (despedir a alguien)	fáyer

Inglés español	Inglés Español	Pronunciación
FLOUR (harina)	FLOWER (flor)	fláuer
GAIT (paso, marcha)	GATE (puerta)	guéit
GLASS (vidrio)	GLASS (vaso, copa)	glas
HARE (liebre)	HAIR (cabello)	jer
HOARSE (ronco)	HORSE (caballo)	jórs
KERNEL (pepita o almendra de una fruta o verdura)	COLONEL (coronel)	kérnel
KNIGHT (caballero)	NIGHT (noche)	nait
(to) KNOW (saber, conocer)	NO (no)	nou
LEFT (izquierda)	LEFT (pasado del verbo to leave)	left
LIGHT (ligero)	LIGHT (luz)	lait
LOOSE (suelto, flojo)	(to) LOSE (perder)	lus
MADE (hecho)	MAID (doncella)	meid
MALE (masculino, macho)	MAIL (correo)	meil
MANE (crin)	MAIN (principal)	mein
MANOR (mansión)	MANNER (manera)	máner

Inglés español	Inglés Español	Pronunciación
MEAN (malvado, ruin)	(to) MEAN (significar)	min
(to) MEET (conocer a alguien, apegarse a las reglas)	MEAT (carne)	mit
MUG (tarro)	(to) MUG (asaltar a alguien)	mog
(to) NEED (necesitar)	(to) KNEAD (amasar)	nid
NEW (nuevo)	KNEW (pasado del verbo to know)	niú
PAIR (par)	PEAR (pera)	per
PLAICE (pez de la familia de los pleuronéctidos)	(to) PLACE (colocar)	pléis
PLAID (manta escocesa lista a cuadros; tartán)	PLAYED (pasado del verbo to play)	pléid
PLAIN (llano)	PLANE (avión, contracción de airplane)	pléin
PLATE (plato)	PLAIT (doblez, pliegue)	pléit
RAIN (lluvia)	REIN (rienda)	réin
RIGHT (correcto)	(to) WRITE (escribir)	rait

Inglés español	Inglés Español	Pronunciación
SALE (venta, barata)	(to) SAIL (velear)	seil
SEEM (parecer)	SEAM (costura)	sim
SENT (pasado del verbo to send)	SCENT (aroma, esencia)	sent
(to) STRIKE (golpear)	(on) STRIKE (en huelga)	straik
TAIL (cola)	TALE (cuento, relato)	teil
TO (hacia, a)	TWO (dos)	tu
TOO (también, demasiado)		tu
WATCH (reloj de pulsera)	(to) WATCH (observar)	woch
(to) WEIGH (pesar)	WAY (camino, manera)	wei
WEIGHT (peso)	(to) WAIT (esperar)	weit
WELL (pozo)	WELL (bien)	wel
YEW (tejo)	YOU (tú)	yu
YOKE (yugo)	YOLK (yema de huevo)	yóuk

CAPÍTULO XV

Los errores más comunes

*E*l cambiar de idioma no es solamente cambiar unas palabras por otras, sino que también implica utilizar distintas reglas gramaticales, añadir acentos, como sucede en el francés, o suprimirlos como en el caso del inglés, utilizar nuevas letras, como el signo ß para indicar la pronunciación de la doble *s* en alemán, etcétera.

En esta sección he recopilado una lista de los errores más comunes que se cometen al realizar el intercambio inglés-español.

Tome nota y evítelos. No es tan difícil como parece.

1. *El apellido materno*

Es importante recordar que, en algunos países, el apellido materno no se utiliza jamás, mientras que el segundo nombre de pila es básico para identificarse.

Por tanto, podría darse el caso de que alguien que firmara como HERNÁN GÓMEZ ARIZPE fuera conocido como el Sr. Arizpe y que se considerara Gómez como su segundo nombre de pila.

En consecuencia y para evitar errores, trate de utilizar sus nombres de pila y su apellido paterno únicamente, o bien, coloque un guión entre sus dos apellidos para indicar que ambos son uno solo y que deben ir juntos. Si no tiene un segundo nombre de pila, utilice sólo la inicial de su apellido materno y así indicará que su apellido es, en efecto, las segunda palabra que contiene su nombre.

Ejemplos: HERNÁN FERNANDO GÓMEZ

               HERNÁN GÓMEZ A.

               HERNÁN F. GÓMEZ

               HERNÁN GÓMEZ-ARIZPE

2. *Oraciones cortas*

El español es un lenguaje ornamental por excelencia. En cambio, el inglés es un idioma conciso y seco; por lo tanto, se recomienda utilizar frases y oraciones tan breves como sea posible.

Entre menos palabras se utilicen, menos margen habrá para errores. El inglés requiere de pocas palabras para expresar una idea con toda claridad.

Ejemplo: En primer lugar, deseamos agradecer su atenta carta de fecha 30 de abril de 1989. (15 palabras)

Firstly, thank you for your letter dated April 30, 1989.

(10 palabras)

Férstli, thénkiu for yur leter deited eipril thérti, naintín eiti nain.

3. *Besides y Beside*

La palabra BESIDES significa *además de* mientras que la palabra BESIDE significa *a un lado de.*

Ejemplo: *Besides* being interesting, his work is very well paid.
             Además de ser interesante, su trabajo está muy bien remunerado.
             Bisaids bíing íntresting, jis werk is véri wel péid.

             His briefcase is *beside* the table.
             Su portafolios está a un lado de la mesa.
             Jis brífkeis is bisáid de téibol.

4. *Date y Appointment*

Aunque tanto DATE como APPOINTMENT significan "cita", DATE indica que se trata de una cita amorosa, mientras que APPOINTMENT habla de una cita de negocios.

Ejemplo: I have an *appointment* with the General Manager
             Tengo una cita con el Gerente General.
             Ai jav an apóintment wid de Yéneral Mánayer.

             He has a *date* with a beautiful girl.
             El tiene una cita con una chica bellísima.
             Ji jas a deit wid a biútiful guerl.

5. *La doble negación*

A diferencia del español donde sí es posible utilizar la doble negación, en el inglés ésta se anula a sí misma cuando se incluye en una misma oración.

Ejemplo: (correcto) I do not want money
             (correcto) I do not want any money
             (incorrecto) I do *not* want *no* money

(correcto) They do not like anything
(incorrecto) They do *not* like *nothing*

Nunca utilice la doble negación en inglés. Cuando ya exista una negación en su frase, use las siguientes alternativas:

Any por No
Anything por Nothing
Any por None

Ejemplo:

There is *no* food here - There is *not any* food here
I have *nothing* to give - I *don't* have *anything* to give
You *don't* have my books - You *don't* have *any* of my books
There are *none* - There are *not any*

6. *Cuándo termina el "buenas tardes"*

Good afternoon (o Buenas Tardes) se emplea a partir de las 12:00 del mediodía hasta antes de las 6:00 pm. A partir de ese momento, se utiliza siempre Good evening.

7. *Cuándo decir good night*

Good night (buenas noches) se utiliza únicamente al despedirse.

8. *La coma en las listas de palabras*

Aunque en español, cuando hay una lista de palabras, nunca se coloca una (,) antes de la *y* al llegar al final de la lista, en inglés sí se coloca una (,) antes de *and* (que significa "y").

Ejemplo: Lámparas, focos y cables
             Lamps, lightbulbs, and cables

9. *Cómo indicar pesos mexicanos*

Siempre que anote cantidades en pesos mexicanos, indíquelo así: "Mex. Pes."
De otra forma, el consabido "M. N." resultará incomprensible para un extranjero.

10. *Las direcciones*

Nunca cambie el orden en que aparecen las direcciones en su forma original. En el extranjero, sucede a menudo que el número de la calle antecede al nombre de ésta, o que el número del apartamento aparece en otro lugar. Por tanto, copie las direcciones del extranjero exactamente como se las hayan proporcionado a usted, y la suya anótela como lo haría para un mexicano.

Ejemplos: Robinson Road 111
Flat 7A
Hong Kong, B.C.C.

Zempoala No. 399
Col. Narvarte
03020 - México, D.F.
MEXICO

1125 Williams Street
Adrian, Michigan 49221
U.S.A.

26 Jean Street
Woodridge
Brisbane 4114
Australia

104 Dunollie Road
Kentish Town
London NW5 2XP
ENGLAND

11. *Separación de sílabas en inglés*

Es mejor *no* separar las palabras en inglés, ya que las sílabas se componen de manera distinta al español y resultaría demasiado complicado.

Ejemplo:	measure	meas-ure
	slowing	slow-ing
	travelling	trav-ell-ing
	minutes	min-utes
	drivers	driv-ers

12. *Responda siempre su correspondencia en los mismos términos en que la reciba.*

Esto es, si la persona le escribe utilizando su nombre de pila, responda también utilizando el primer nombre.

Ejemplo: Dear Enrique:
             Dear William:

CAPÍTULO XVI

Vocabulario comercial y legal
Inglés-español y Español-inglés

*U*n libro que está enfocado a ampliar los conocimientos del lector respecto al inglés comercial y legal, no estaría completo sin una sección de vocabulario inglés-español y viceversa.

El vocabulario contenido en este libro presenta tecnicismos legales, comerciales, de seguros, editoriales, aduanales y bancarios, con su correspondiente traducción y pronunciación.

VOCABULARIO COMERCIAL INGLÉS-ESPAÑOL

Inglés	Español	Pronunciación
abridged	condensado	abríchd
accident insurance	seguro contra accidentes	áccident inshúrans
accounts payable	cuentas por pagar	acáunts péyabol
accounts receivable	cuentas por cobrar	acáunts resívabol
accrue	devengar	acrú
achievement	logro	achívment
active partner	socio responsable	áctiv pártner

Inglés	Español	Pronunciación
actual damages	daños reales	ákchual dámaches
actual delivery	entrega efectiva o real	ákchual delíveri
administrative expenses	gastos administrativos	adminístrativ expénses
advance notice	aviso previo	adváns nóutis
agent	gestor	éiyent
agreed amount	monto convenido	agríd amáunt
agreement	convenio, acuerdo	agríment
allocate	asignar, adjudicar	álokeit
amount outstanding	deuda pendiente, saldo	amáunt autstánding
answer	respuesta	ánser
anticipated earnings	ganancias esperadas	anticipéited érnings
application	solicitud	aplikéishon
appraisal	avalúo	apréisal
appraisal for taxation	avalúo fiscal	apréisal for taxéishon
(to) arbitrate	terciar	árbitreit
arm's length trade	comercio en igualdad de condiciones	arms length treid
arson	delito de incendiar	árson
assets	activo, bienes	ásets
associate	socio, asociado	asóushet
association	asociación, sociedad	asousiéishon
attributable	adjudicable	atribiútabol
authority to purchase	autorización de compra	othóriti tu pérchas

Inglés	Español	Pronunciación
automatic teller machine	cajero automático	otomátic téler machín
average	promedio	áverach
(to) back a loan	garantizar un préstamo	bac a lóun
balance of payment	balanza de pago	bálans of péiment
balance of trade	balanza comercial	bálans of tréid
balance on hand	saldo disponible	bálans on jand
balance sheet	hoja de balance	bálans shít
bankruptcy	bancarrota	báncroptci
bar code	código de barras	bar cóud
bearer note	pagaré al portador	bérer nout
before mentioned	antes mencionado	bifor ménshond
beneficiary	beneficiario	benefísahri
billion	mil millones	bílion
bill of entry	declaración arancelaria	bil of éntri
bill of exchange	cédula de cambio	bil of exchéinch
bill of lading	conocimiento de embarque	bil of léiding
bill of sale	póliza de compra	bil of séil
binding	encuadernación	báinding
blank endorsement	endoso comercial	blank endórsment
board of directors	consejo de administración	bord of dairéctors
bold face	negrilla (editorial)	bould féis
book cover	contraportada (editorial)	buk cóver
book jacket	guardapolvos (editorial)	buk yácket
book review	reseña bibliográfica	buk riviú

Inglés	Español	Pronunciación
bound	encuadernado	báund
bond	fianza, bono	bond
bond to produce export declaration	fianza de declaración de exportación	bond tu prodiús éxport declaréishon
border	frontera	bórder
Bureau of Customs	Agencia de Derechos	Biúrou of Cóstums
business address	domicilio comercial	bísnes adrés
business partnership	sociedad mercantil	bísnes pártnership
bylaws	estatutos	báilos
C.I.F. (cost, insurance & freight)	costo, flete y seguro	Ci Ai Ef (cost, inshúrans and freit)
C & F (cost & freight)	costo y flete	Ci and Ef (cost and freit)
(to) cancel	dar de baja, cancelar	cáncel
carrier's liability insurance	seguro de responsabilidades del transportador	cárriers layabíliti inshúrans
(to) carry over	traspasar, pasar a una nueva cuenta	cárri óuver
cash	efectivo	cash
cash basis	base de efectivo	cash béisis
cashier's check	cheque de caja	cashíers check
certified copy	copia certificada	cértifaid cópi
capital goods	bienes de capital	cápital guds
capital stock	capital social	cápital stoc
certified check	cheque certificado	cértifaid chec
chairman of the board	Presidente del Consejo	chérman of de bord
charge	cargo, cobro	chárch
(to) cheat	engañar	chít
civil corporation	sociedad civil	cívil corporéishon

Inglés	Español	Pronunciación
claim	demanda	cléim
(to) clear	saldar, liquidar	clíer
clear customs	pasar aduana	clíer cóstums
clear the market	equilibrar el mercado	clíer de márket
clearing house	banco de liquidación	clíring jáus
clerical error	error de pluma o involuntario	clérical érror
code	código	coud
collateral	aval	coláteral
(to) collect	cobrar	coléct
commodity	producto, materia prima	comóditi
compelled	obligado	compéld
compensatory damages	daños compensatorios	compensatóri dámaches
(to) confiscate	confiscar	cónfiskeit
consumer	consumidor	consiúmer
consumer price	precio al consumidor	consiúmer práis
constituent	causante	constítuent
continuous arrears	situación de atraso continuo	contínious arríers
controller	contralor, interventor	contróler
copies	ejemplares (editorial)	cópis
copyright	derechos de autor (editorial)	cópirrait
corporation	sociedad anónima	corporéishon
cost basis	base de costo	cost béisis
court	tribunal	córt
cover	portada (editorial)	cóver
credit	crédito, deber (contable)	crédit

Inglés	Español	Pronunciación
credit balance	saldo acreedor	crédit bálans
crédit instrument	documento de crédito	crédit ínstrument
creditworthiness	solvencia	creditswérthines
current assets	activo circulante	kérrent ásets
current liabilities	pasivo circulante	kérrent layabílitis
customary	usual, común	cóstumeri
customhouse permit	póliza de aduana	cóstumjáus pérmit
customs	aduana	cóstums
customs duties	derechos de aduana	cóstums diútis
customs inspector	vista aduanal	cóstums inspéctor
cutback	medidas de austeridad	cótbac
damaged	dañado	dámachd
deadline	fecha límite	dédlain
deal	acuerdo	díl
debt	deuda	det
debit	haber (contable)	débit
decree	decreto, acuerdo	dicrí
default	incumplimiento, impago	difólt
defective	defectuoso	diféctiv
defendant	acusado, demandado	diféndant
(to) depreciate	depreciar	dipríshieit
detriment	detrimento	détriment
disharge-of-attachment bond	fianza de levantamiento de embargo	dischárch of atáchment bond
dividends	dividendos	dívidends
dollar exchange	cambio del dólar	dólar exchéinch
domestic	nacional, del país	doméstic
down payment	anticipo, enganche	dáun péiment

Inglés	Español	Pronunciación
draft	giro	draft
(to) draw	girar (un cheque)	dró
drop	disminución, deterioro	drop
due	vencido	diú
due and payable	vencidos y pagaderos	diú and péyabol
due date	fecha de caducidad	diú déit
due notice	aviso con tiempo	diú nóutis
dummy	modelo de presentación	dómi
earnings	ganancias	érnings
educated guess	estimación razonada	ediukéited gués
embargo	embargo, embargar	embárgou
embezzlement insurance	seguro contra desfalco	embézelment inshúrans
(to) enable	habilitar	enéibol
endorsement	endoso	endórsment
enforce (to)	hacer cumplir	enfórs
enforcement	ejecución de una ley	enfórsment
entry bond	fianza de entrada	éntri bond
equity	capital contable, valor líquido, participación	ékuiti
equity capital	capital propio	ékuiti cápital
essential goods	artículos de primera necesidad	isénshal guds
(to) evade	evadir	ivéid
exchange rate	tipo de cambio	exchéinch réit
excess profits	exceso de utilidades	éxces prófits
exempt	exento	exémpt

Inglés	Español	Pronunciación
expenses	gastos	expénses
experts	peritos	éxperts
expiration date	fecha de caducidad	expiréishon deit
export duties	derechos de exportación	éxport diútis
extraneous	extraño, de fuera	extrénios
face value	valor nominal	feis váliu
facts	hechos	facts
faulty	defectuoso	fólti
fee	tarifa, honorarios	fí
felony	delito	féloni
file a claim	entablar una reclamación	fáil a cléim
financial standing	capacidad financiera	fainánshal stánding
financial statements	estados financieros	fainánshal stéitments
financially responsible	solvente	fainánshal rispónsibol
findings	resultados de una investigación	fáindings
fine	multa	fáin
fire insurance	seguro contra incendio	fáyer inshúrans
first edition	primera edición	férst edíshon
first proof	primera prueba (editorial)	férst pruf
fiscal year	año fiscal	físcal yíer
flatbed rotary press	prensa rotativa (editorial)	flatbed róutari press
flat rate	tarifa fija	flat réit
flat rate	tasa fija	flat réit

Inglés	Español	Pronunciación
F.O.B. (Free on Board)	L.A.B (Libre a Bordo)	Ef Ou Bi (Frí on Bord)
forgery	falsificación	fóryeri
forgery insurance	seguro contra falsificación	fóryeri inshúrans
franchise	franquicia	fránchais
free and clear	libre de impuestos	frí and clíer
free of charges	libre de cargos	frí of chárches
full authorization	autorización amplia y bastante	ful othoraiséishon
full copy	transcripción completa de un documento	ful cópi
furnish a guaranty	otorgar una garantía	férnish a gáranti
general agent	agente general, apoderado	yéneral éiyent
(to) grant	otorgar, derecho, concesión	grant
(to) grant a delay	acordar un atraso	grant a diléi
grant-in-aid	subsidio, donativo	grant-in-eid
gravure	gráfico	graviúr
gross	bruto	gróus
goods	bienes, efectos, mercancía	guds
goodwill	crédito comercial	gudwíl
(to) guarantee	garantizar	gáranti
guarantor	fiador	gárantor
guilder	florín holandés (moneda)	guílder
handling	tramitación	jándling
headquarters	oficinas centrales	jédcuórters
high seas	altamar	jái sis

Inglés	Español	Pronunciación
holder	poseedor	jóulder
holding	sociedad que controla una serie de compañías	jóulding
holiday	día festivo	jólidei
I.O.U.	pagaré	Ai Ou Yú
immaterial	sin importancia	imatírial
import bill	costo total de las importaciones	ímport bil
import duties	derechos de importación	ímport diútis
(to) impose a fine	imponer una multa	impós a fain
improvements	mejoras	imprúvments
income tax	impuesto sobre la renta	íncom tax
incorporation papers	certificado de incorporación	incorporéishon péipers
indebtedness	adeudo	indébtednes
industrial accident	accidente de trabajo	indóstrial áccident
industrialists	industriales	indóstrialists
(to) infringe	contravenir	infrínch
injury	daño, perjuicio, agravio	ínyuri
inputs	dineros contribuidos o gastados	ínputs
in bond	afianzado	ín bond
in stock	en existencia	in stóc
insurance	seguro	inshúrans
item	artículo	áitem
intercompany expenses	gastos entre compañías	intercómpani expénses

Inglés	Español	Pronunciación
invalidate	anular, dejar sin valor (un documento)	inválideit
invest	invertir	invést
investor	inversionista	invéstor
issue	expedir	íshu
joint account	cuenta mancomunada	yóint acáunt
joint creditor	acreedor mancomunado	yóint créditor
joint venture	fusión conjunta	yóint vénchur
joint venture agreement	convenio de participación conjunta	yóint vénchur agríment
jointly	conjuntamente	yóintli
know-how	conocimientos técnicos	nou-jáo
landlord	arrendador	lándlord
law suit	demanda legal	ló sut
lawyer	abogado	lóyer
lay-out	diagrama	léyaut
lease	arrendamiento	lís
ledger	diario contable, libro mayor	lédyer
legal damages	daños compensables	lígal dámaches
legal stratagems	artimañas legales	lígal strátayems
legal terms	términos legales	lígal terms
lessor	arrendante	lésor
letter of credit	carta de crédito	léter of crédit
letter of intent	carta de intención	léter of intént
liability insurance	seguro de responsabilidad civil	layabíliti inshúrans
license	licencia, patente	láisens

Inglés	Español	Pronunciación
licensor	quien concede una licencia	láicensor
licensee	licenciatario; concesionario	laicensí
lien	derecho de retención	lín
limited liability company	sociedad de responsabilidad limitada	límited layabíliti cómpani
limited partnership	sociedad en comandita	límited pártnership
liquid assets	activo circulante	líkuid ásets
list of consular fees	arancel consular	líst of cónsiular fís
long term	a largo plazo	long term
lump sum	(pago) de una sola vez	lomp sóm
(to) make void	cancelar	méik void
management	dirección, administración	mánachment
managing partner	socio, administrador	mánaying pártner
managing agent	agente administrador	mánaying éiyent
maquiladora industry	industria maquiladora	maquiladora índostri
market share	participación en el mercado	márket sher
marketable	vendible, negociable	márketabol
markup	margen de utilidades	márkop
maturity	vencimiento	machúriti
medical insurance	seguro de gastos médicos	médical inshúrans
medium term	mediano plazo	mídium term
minutes	minutas	mínuts
mortgage	hipoteca	mórgach
mortgage credit	crédito hipotecario	mórgach crédit

Inglés	Español	Pronunciación
NAFTA (North American Fee Trade Agreement)	Tratado de Libre Comercio de Norteamérica	NAFTA (North Américan Fri Treid Agríment)
negotiators	negociadores	negoshiéitors
net	neto	net
net earnings	ganancias netas	net érnings
net of tax	neto de impuesto	net of tax
net worth	capital fiscal	net werth
notification	notificación	noutifikéishon
notice	aviso	nóutis
(to) nullify	anular	nólifai
official demand for payment	auto de pago	ofíshal dimánd for péiment
offset lithography	impresión offset	óffset lithógrafi
operating costs	gastos de operación	óupereiting costs
order	pedido	órder
out of print	agotado (editorial)	aut of print
outstanding	pendiente (una deuda)	autstánding
overhead expenses	gastos generales o indirectos	óuverjed expénses
overdraft	sobregiro	óuverdraft
overnight draft	giro a un día	óuvernait draft
owing	debido a...	ówing
ownership	propiedad	óunership
paperbound	rústica (editorial)	péiperbaund
parent company	casa matriz	pérent cómpani
participation	participación	participéishon
patent	patente	péitent
patent royalty	derechos de fabricación o de patente	péitent róyalti
payroll	nómina	péirrol

Inglés	Español	Pronunciación
payroll taxes	impuesto sobre nómina	péirrol táxes
peak	máximo	pík
pending	pendiente	pénding
percentage	porcentaje	percéntach
perils of the sea	accidentes del mar	périls of the si
plagiarism	plagio	pleyiarísm
plaintiff	demandante	pléintif
plate	plancha (para impresión) cliché	pléit
pocket edition	edición de bolsillo	póket edíshon
policy	póliza, política de una empresa	pólici
poor quality	mala calidad	pur cuáliti
port duties	derechos portuarios	port diútis
port of entry	puerto de entrada	port of éntri
power of attorney	poder notarial	páuer of atérni
preliminary agreement	antecontrato	prelíminari agríment
premium	prima (seguros)	prímium
printer	impresor	prínter
printing plant	imprenta	prínting plant
procedures	procedimientos	proucídiurs
profit	utilidad	prófit
property tax	predial	próperti tax
proven facts	hechos probados	prúven facts
proxy	poder notarial	próxi
publishing house	casa editorial	póblishing jáus
rate	tasa	réit
register	registrar	réyister
regulations	reglamentos	reguiuléishons

Inglés	Español	Pronunciación
rejects	saldos (sobrantes)	riyécts
reprint rights	derechos de reproducción	riprínt raits
reproduction proof	original acabado (editorial)	riprodócshon pruf
retailer	minorista	ritéiler
revenue	ingresos	réveniu
review copy	ejemplar para la crítica (editorial)	riviú cópi
robbery insurance	seguro contra robo	róberi inshúrans
rules of origin	reglas de origen	ruls of óriyin
sample	muestra	sámpol
schedule of fees	arancel	skédiul of fís
schedule (to)	programar fechas	skédiul
securities	bonos	sekiúritis
senior partner	socio principal	sínior pártner
settle a claim (to)	cancelar una reclamación	sétol a cléim
shares	acciones	shers
short term	a corto plazo	short térm
silent partner	socio capitalista	sáilent pártner
smuggle	contrabandear	smógol
Secretariat of Commerce and Industrial Development	SECOFI	Secretáriat of Cómers and Indóstrial Divélopment
Secretariat of Public Credit	SHCP	Secretáriat of Póblic Crédit
social security	seguro social	sóushal sekiúriti
soft currency	moneda débil	soft kérrenci
solvency	solvencia	sólvenci
standards	estándares	stándards

Inglés	Español	Pronunciación
State Department; Department of foreing affairs	Secretaría de Estado; Secretaría de Negocios Extranjeros	Stéit Dipártment; Dipártment of Fórein Aférs
state tax	impuesto estatal	stéit tax
statutes	estatutos	státiuts
sterling exchange	cambio de la libra esterlina	stérling exchéinch
stock	acciones, inventario	stoc
stock of a partner who provides capital	barras aviadoras	stoc of a pártner ju prováids cápital
stock of a partner who provides no capital	barras aviadas	stoc of a pártner ju prováids nou cápital
stock-transfer tax	impuesto sobre transferencia de acciones	stoc-tránsfer fax
stockholder	accionista	stoc - jóulder
(to) sue	demandar	sú
supplier	proveedor	sopláier
specie	efectivo	spíshi
swap	conversión de deuda en capital, canje o trueque	suóp
tariff	arancel	tárif
tax	impuesto	tax
tax deductible	deducible de impuestos	tax didóctibol
tax evasion	evasión fiscal	tax ivéishon
tax exempt	libre de impuestos	tax exémpt
taxing district	zona fiscal	táxing dístrict

Inglés	Español	Pronunciación
tentative plan	anteproyecto	téntativ plan
trade agreement	convenio comercial	tréid agríment
trademark	marca	tréidmark
trademarked article	artículo de marca	tréidmarkd árticol
translation rights	derechos de traducción	transléishon ráits
Treasury Department	SHCP	Tréshuri Dipártment
Treasury Certificates	CETES	Tréshuri Certífikets
trespass	allanamiento	tréspas
trust	fideicomiso	trost
trustee	fideicomisario	trostí
turnover	ventas sobre activo	térnouver
type face	letra de molde	taip feis
typographical error	error de imprenta	taipográfical érror
undersecretary	subsecretario	ondersécretari
uninsured	sin seguro	oninshúrd
unpaid	insoluto	onpéid
unpublished	inédito	onpóblishd
upward trend	tendencia ascendente	ópword trend
unspent balance	saldo no utilizado	onspént bálans
venality	corruptibilidad	venáliti
verbatim	al pie de la letra	verbéitum
veredict	fallo, sentencia	vérdict
verification	verificación, comprobación	verifikéishon
versus	contra	vérsus
vessel term bond	fianza de buque a término	vésel term bond
vested rights	derechos intrínsecos o adquiridos	vésted raits

Inglés	Español	Pronunciación
(to) veto	vedar, prohibir	vétou
vice-chancellor	canciller ayudante	váis-cháncelor
V.A.T. (Value Added Tax)	I.V.A.	Vi Ei Tí (Váliu ádded tax)
validity	vigencia	valíditi
value agreed upon	valor entendido	váliu agríd opón
value at maturity	valor al vencimiento	váliu at machúriti
vault cash	reservas en efectivo	volt cash
vice-principal doctrine	doctrina que hace al patrón responsable por negligencia de su agente	váis-príncipal dóctrin
violation	violación, infracción	vayoléishon
visible balance of trade	balanza visible o de comercio	vísibol bálans of tréid
void	nulo, inválido	void
void contract	contrato inválido	void cóntract
void process	procedimiento ilegal o nulo	void próces
void tax	impuesto ilegal	void tax
voiding	anulativo	vóiding
voluntary assignment	cesión voluntaria	volontéri asáinment
Wage Stabilization Board	Junta de Estabilización de Salarios	Weich stabiliséishon bord
wages	salarios, sueldos	wéiches
waiver	renuncia, abandono	wéiver
waiver of rights	renuncia de derechos	wéiver of raits
want of consideration	falta de precio o de causa	want of consideréishon
want of jurisdiction	falta de jurisdicción	want of

Inglés	Español	Pronunciación
		yurisdícshon
warden	guardián, custodio	wórden
warehouse	almacén, depósito	wérjaus
warehouse bond	fianza de almacén	wérjaus bond
warehouse-entry bond	fianza de entrada para almacén afianzado	wérjaus-éntri bond
warrant	auto decreto (legal)	wárrant
(to) warrant	garantizar, certificar	wárrant
warrant in bankruptcy	auto en bancarrota	wárrant in bánkroptci
warrant of attorney	poder	wárrant of atérni
warrantor	fiador	wárrantor
warranty	condición de seguro (seguros)	wárranti
welfare	bienestar	wélfer
wholesaler	mayorista	jóulseiler
wholly owned subsidiary	subsidiaria en propiedad absoluta	jóuli óund sobsídiari
whom it may concern (to)	a quien corresponda	júm it mei concérn
wife murder	uxoricidio	wáif mérder
willful misconduct	mala conducta intencional	wílful miscóndoct
willful neglect	descuido porfiado	wílful nigléct
willful tort	agravio con intención	wílful tort
will	testamento	wil
wil contest	litigación sobre un testamento	wil cóntest
(to) withdraw	retirar	widró
withdraw a bid	retirar la propuesta	widró a bid

Inglés	Español	Pronunciación
withdraw charges	retirar una acusación	widró chárches
withdraw funds	retirar fondos	widró fonds
withdraw a suit	desistir de un pleito legal	widró a sut
withhold at the source	retener en la fuente o en el origen (fiscal)	widjóuld at de sórs
without due notice	intempestivamente, sin previo aviso	widáut diú nóutis
without due process of law	sin procedimiento legal apropiado, sin	widáut diú próces of ló
without par value	sin valor nominal	widáut par váliu
without prejudice	sin perjuicio (anotación que se aplica a un documento para indicar que no tiene valor como prueba o para utilización en una demanda legal)	widáut préyudis
witness	testigo	wítnes
witness clause	cláusula de atestación	wítnes clos
witness stand	banquillo de testigos	wítnes stand
working days	días hábiles	wérking deis
workmen's compensation	compensación legal por accidentes de trabajo	wérkmens compenséishon
worshop	taller	wérkshop
World Bank	Banco Mundial	Wérld Bank
(to) wright off	pasar a pérdidas y ganancias	ráit óf
writ	auto, decreto	rit
writ of convenant	auto por incumplimiento de pacto	rit of cónvenent

Inglés	Español	Pronunciación
writ of debt	acción en cobro de dinero	rit of det
writ of ejectment	auto de lanzamiento	rit of iyéctment
writ of entry	auto de posesión	rit of éntri
writ of inquiry	auto de indagación	rit of incuáiri
writ of summons	emplazamiento	rit of sómons
(to) write in	insertar, intercalar	(tu) rait in
(to) write off	anular, eliminar	(tu) rait off
year end	fin de año	yiér end
year-end balance sheet	balance de fin de año	yíer-end bálans shít
year-end dividend	dividendo al fin del año	yíer-end dívidend
yield	rendimiento	yíld
yield at maturity	rendimiento al vencimiento	yíld at machúriti

VOCABULARIO LEGAL INGLÉS - ESPAÑOL

Inglés	Español	Pronunciación
(to) accrue	acumular	(tu) acrú
(to) accumulate	acumular	(to) akiúmiuleit
acquittal	absolución, descargo	(tu) acuítal
(to) act	fungir	(tu) act
acting	actuando	ácting
(to) advise	aconsejar	(tu) adváis
agenda	orden del día	ayénda
(to) agree	convenir	(tu) agrí
agreement	convenio	agríment

Inglés	Español	Pronunciación
aid	ayuda	eid
alibi	coartada	álibai
amendment	enmienda	améndment
antecedents	antecedentes	anticídents
application, petition	solicitud	aplikéishon, petíshon
(to) apply	aplicar	(tu) aplái
(to) apply for	tramitar, solicitar	(tu) aplái for
Appraisal	Avalúo	apréisal
approval	aprobación	aprúval
approve	aprobar	aprúv
arbitration, arbitrator	arbitraje, árbitro	arbitréishon; arbitréitor
articles of incorporation	escritura constitutiva	árticols of incorporéishon
as per	según	as per
assess (to) -non-assessable	gravar - no gravable	asés-non asésabol
assignment	cesión	asáinment
attendance list	lista de asistencia	aténdans list
authorities	autoridades	athóritis
average	promedio	áverach
background	antecedentes	bácgraund
before (me)	ante (mí)	bifór mi
(on) behalf of	a nombre de, en representación de	on bijáf of
Board of directors' meeting	Junta de Consejo	Bord of Dairéctors míting
Board Order	Acuerdo de la Junta (Conciliación, Arbitraje, etc.)	bord órder
branch	sucursal	branch

Inglés	Español	Pronunciación
brif	escrito	brief
brokerage	corretaje	bróukerach
by - laws	estatutos	báilos
call	convocatoria	col
capable	apto	kéipabol
capital stock	capital social (sólo cuando es sociedad por acciones)	cápital stoc
certified copy	copia certificada	cértifaid cópi
certificate	certificado	certífiket
certificate of invention	certificado de invención	certífiket of invénshon
(to) certify	certificar	(tu) cértifai
Civil Court (second)	Juzgado de lo Civil (segundo)	Civil Cort
commercial name	nombre comercial	comérshal slóugan
commercial code	código de comercio	comérshal coud
commercial slogan	aviso comercial	comérshal slogan
company	sociedad	cómpani
(in) compliance with	en cumplimiento de	(in) compláyans wid
(to) comply with	cumplir	(tu) complái wid
contract	contrato	cóntract
corporate capital	capital social	córporet cápital
court order	acuerdo del tribunal	cort órder
credit instrument	título de crédito	crédit ínstrument
change of name	cambio de nombre	chéinch of néim
date of issue	fecha de expedición	deit of íshu
debit note	aviso de cargo	débit nout
declaration under oath	declaración bajo protesta	declaréishon ónder outh
denomination	denominación	denominéishon

Inglés	Español	Pronunciación
Department of the Interior	Secretaría de Gobernación	dipartment of de intírior
design patent	patente (registro) de diseño	disáin péitent
draft (to) - draft	redactar - proyecto, borrador	draft
duties	derechos	diútis
(to) edit	redactar	(tu) edit
embezzlement	desfalco	embézelment
(to) encumber	gravar	(tu) incómber
entered into between	celebrado por	énterd intu, bituín
entered into with	celebrado con	énterd intu wid
enterprise	sociedad	énterprais
estate	herencia	estéit
examiner	comisario	exáminer
execute	ejecutar, firmar un contrato	éxekiut
executed	ejecutado, suscrito, celebrado, realizado	exekiúted
expenses	gastos	expénses
expiration date	fecha de vencimiento	expiréishon deit
extraordinary stock-holders' meeting	asamblea extraordi-naria de accionistas	extrórdinari stocjóulders miting
extension	Prórroga	exténshon
Federal Consumers Protection Law	Ley Federal de Protección al Consumidor	Féderal Consiúmers Protécshon Lo
Federal Tax Registration	Registro Federal de Causantes	Féderal Tax Reyistréishon
fees	honorarios, derechos	fís
(to) file (with or before)	presentar un documento	(tu) fail (wid of bifór)
field	ramo	fild
final stock certificate	título definitivo	fáinal stoc certífiket

Inglés	Español	Pronunciación
fine levied	multa impuesta	fain lévid
formerely	anterior	former
fringe benefit	prestación	frinch bénefit
general bureau	Dirección General	yéneral biúrou
General Bureau of Inventions, Trademarks & Technological Development	Dirección General de Invenciones, Marcas y Desarrollo Tecnológico	yéneral biúrou of invénshons, treidmarks and tecnológical divelopment
General Bureau of Juridical Matters (also of Legal Matters)	Dirección General de Asuntos Jurídicos	yéneral biúrou of yurídical máters (olsou of lígal máters)
General Bureau of Transfer of Technology	Dirección General de Transferencia de Tecnología	yéneral biúrou of tránsfer of tecnóloyi
General Law of Mercantile Companies -	Ley General de Sociedades Mercantiles	yéneral ló of mércantail cómpanis
General Corporation Law	Ley General de Sociedades	yéneral corporéishon ló
Government fees	Derechos al gobierno	góvernmet fís
grant	concesión, franquicia	grant
(to) grant - granted	conceder - concedido	(tu) grant, gránted
hereby	mediante el presente: Ejem.: We *hereby* confirm our telex... etc.	jíerbai
hereafter	en lo sucesivo	jíerafter
herein	en este (documento) el presente (documento)	jíerin

Inglés	Español	Pronunciación
hereinafter called	denominado de aquí en adelante, denominado en lo sucesivo, denominado en el presente	jíerinafter cold
hereof	de este (contrato)	jíerof
hereunder	de acuerdo con el presente, bajo el presente. Ejem.: This document was issued to the company at the request of the Board of Directors, the company was authorized *hereunder* to purchase 30% of the capital stock of...	jiéronder
Income Tax	Impuesto sobre la renta	íncom tax
Income Tax Law	Ley del Impuesto sobre la renta	íncom tax ló
Injunction (amparo)	Amparo	inyonkshon
in the field of	en el ramo de	in de fíld
(to) intervene	intervenir	(tu) intervín
(to) issue	expedir, emitir	(tu) íshu
issued	expedido, emitido	íshud
Judge	Juez	yoch
Jury	Jurado	yúri
labor authorities	autoridades laborales	léibor othóritis
larceny	robo, latrocinio, hurto	lárceni
(to) learn	conocer	(tu) lern
lease agreement	contrato de arrendamiento	lís agríment

Inglés	Español	Pronunciación
legal date	fecha legal	lígal déit
legalization	legalización	ligalaiséishon
lessee	arrendatario	lesí
lessor	arrendador	lésor
License agreement	Contrato de autorización de uso	laisens agríment
Limited Liability Corporation	Sociedad Anónima de Responsabilidad Limitada	límited layabíliti corporéishon
List of Foreign Suppliers of the Secretariat of Programming and Budget	Padrón de Proveedores Extranjeros de la Secretaría de Programación y Presupuesto	List of fórein sopláyers of de secretáriat of próugraming and bódyet
Local Board of Conciliation	Junta Local de Conciliación	loucal bord of concilieishon
Lower Court	Tribunal Menor	lower cort
Merger	Fusión	méryer
Meeting	Asamblea	míting
Ministry of Treasury	Secretaría de Hacienda	mínistri of treshuri
modifying agreement (also Modifying Contract)	contrato (convenio) modificatorio	modifáying agríment (ólsou, modifáying cóntract)
Multi-Panel Court (also Multi-Justice Court)	Tribunal Colegiado	molti-pánel cort (ólsou, molti-yóstis cort)
Notarial Certificate	Acta notarial	notárial certífiket
Notary public	Notario público	nóutari póblic
Notice of extension	Aviso de prórroga	nóutis of exténshon
Official Communication	Comunicación oficial	ofíshal comiunikéishon

Inglés	Español	Pronunciación
Ordinary stockholers' meeting	Asamblea ordinaria de accionistas	órdinery stocjóulders míting
(to) participate	intervenir	(tu) partícipeit
patent	patente	péitent
Patent Office	Oficina de Patentes	péitent ófis
pensioned	pensionado	pénshond
(to) perform services	prestar servicios (un funcionario o empresario)	(tu) perfórm sérvises
(to) pose (raise an issue)	plantear	(tu) pous (reis an ishu)
(to) process	tramitar	(tu) próuces
proof of use	comprobación de uso	pruf of yus
providing (rendering)	con tal que	prováiding (réndering)
Public Works Law	Ley de Obras Públicas	póblic werks ló
power (of attorney)	poder notarial	páuer (of atérni) for
Power (of attorney) for acts of administration	Poder para actos de administración	páuer (of atérni) for acts of administréishon
Power (of attorney) for lawsuits and collections	Poder para pleitos y cobranzas	páuer (of atérni) for lósuts and colékshons
proceedings	trámites	prousídings
par value	valor nominal	pár váliu
present status of the suit	situación actual del juicio	présent steitus of de sut
(to) Preside	Presidir	(tu) prisáid
(to) Preside over the meeting	Presidir la asamblea	(tu) prisáid ouver míting

Inglés	Español	Pronunciación
promotor	gestor	promóutor
Proxy	Carta Poder	próxi
Public instrument	Escritura	póblic instrument
Public Registry of the property	Registro Público de la propiedad	póblic réyistri of the próperti
real estate	bienes raíces	ríal estéit
recourse for review	recurso interpuesto	ricórs for riviú
registration	registro	reyistreishon
resolution	acuerdo de la asamblea o del consejo	resolúshon
renewal	renovación	riniúal
retired	jubilado	ritáird
Revenue Law	Ley de Ingresos	réveniu lo
(to) revoke	revocar	(tu) rivóuc
Secretariat (Ministry) of Agriculture & Hydraulic Resources	Secretaría de Agricultura y Recursos Hidráulicos	Secrétariat (mínistri) of agricolchor and jaidrólic risorces
Secretariat (Ministry) of Commerce & Industrial Development	Secretaría de Comercio y Fomento Industrial	Secrétariat (mínistri) of cómers and indóstrial divélopment
Secretariat (Ministry) of Energy, Mining and Parastate Industry	Secretaría de Energía, Minas e Industria Paraestatal	secrétariat (mínistri) of éneryi, máining and párasteit índostri

Inglés	Español	Pronunciación
Secretariat (Ministry) of Foreign affairs	Secretaría de Relaciones Exteriores	Secrétariat (mínister) of fórein aférs
Secretariat (Ministry) of Treasury & Public Credit (also The Federal) Treasury	Secretaría de Hacienda y Crédito Público	Secrétariat (mínistri) of tréshuri and póblic crédit (olsou, de féderal tréshuri)
Security Agreement	Contrato de garantía	sikiúriti agríment
Service Contract (also Contract for Rendering of Services)	Contrato de prestación de servicios	sérvis cóntract (ólsou cóntract for réndering of sérvices)
shareholder	accionista	shérjoulder
shares	acciones	shers
Social Security Law	Ley del Seguro Social	soushal skiúriti ló
Stock Certificates	Títulos de acciones	stoc certífikets
Stock Corporation	Sociedad Anónima	stoc corporéishon
Stock Corporation of variable Capital	Sociedad Anónima de Capital Variable	stoc corporéishon of váriabol cápital
strategy	estrategia	stráteyi
(to) submit	someter	(tu) sobmít
(to) subscribe	suscribir	(tu) soscráib
(to) substitute	sustituir	(tu) sóbstitiut
substitution	sustitución	sobstitiúshon
Superior Court of Justice	Tribunal Superior de Justicia	sopírior cort of yóstis

Inglés	Español	Pronunciación
Supreme Court of Justice	Suprema Corte de Justicia	suprím cort of yóstis
(to) take action	tramitar	(tu) teik ákshon
(to) take part	intervenir	(tu) teik part
tax	impuesto	tax
taxable	gravable	táxabol
tax authorities	autoridades fiscales	tax othóritis
tax code	código fiscal	tax coud
technical assistance agreement	contrato de asistencia técnica	técnical asístans agríment
teller	escrutador	téler
trade name	nombre comercial	tréid neim
transfer of technology	transferencia de tecnología	tránsfer of tecnóloyi
testimony	testimonio (declarar)	téstimouni
thereafter	de ahí en adelante posteriormente (cuando se habla de una fecha) Ejem.: We will have the last meeting next Saturday, *thereafter* the decisions will not be changed	deráfter
therefore	por lo tanto	dérfor
therein	en ese (contrato)	derín
thereof	de tal, de ese (contrato)	deróf
trademark	marca	tréidmark
trademark license agreement	contrato de uso de marca	tréidmark láicens agríment

Inglés	Español	Pronunciación
Trademark Office	Oficina de Marcas	tréidmark ófis
Trade name contract	Contrato de nombre comercial	treid néim contrac
translation	traducción	transléishon
Trust	Fideicomiso	trust
(to) verify	verificar	(tu) vérifai
(in) view of the above	en vista de lo anterior	(in) vieu of de abóv
whereas	considerando en vista de qué; por cuanto	juéras
Whereby	Por el cual, por la cual, mediante el cual, mediante lo cual, mediante la cual. Ejem.: The Secretariat of Foreign affairs granted a permit on March 1st., 1985, *whereby* the company was authorized to sell 10% of its shares.	juérbai

VOCABULARIO COMERCIAL ESPAÑOL-INGLÉS

Español	Inglés	Pronunciación
accidente de trabajo	industrial accident	indóstrial áxident
acordar	(to) agree	(tu) agrí
acordar interés	(to) allow interest	(tu) aláo íntrest

Español	Inglés	Pronunciación
acordar un retraso	(to) grant a delay	(tu) grant a diléi
acreedor	creditor	créditor
acreedor mancomunado	joint creditor	yóint créditor
activo	assets	ásets
activo circulante	liquid assets, funds available	líkuid ásets, fonds avéilabol
acuerdo	agreement	agríment
acumulable	cumulative	kiumiúlativ
accidentes del mar	perils of the sea	périls of de sí
acciones	shares, stock	shers, stoc
accionistas	shareholders, stockholders	sherjóulders, stockjóulders
adeudo	indebtedness	indébtednes
aduana	customs	cóstums
afianzado	in bond, on bail	in bond, on béil
Agencia de Derechos Aduaneros	Bureau of Customs	Biúrou of Cóstums
agravio	injury	ínyuri
alargar el plazo	(to) exted the period of time	(tu) exténd de píriod of táim
almacén	warehouse	werjáus
altamar	high seas	jái sis
allanamiento	trespass, unlawful entry	trespás, onlóful éntri
antecontrato	preliminary agreement	prelíminari agríment
antes mencionado	beforementioned	bifórmenshond
anteproyecto	tentative plan	téntativ plan
año fiscal	fiscal year	físcal yíer
aplazar	(to) postpone	(tu) postpóun

Español	Inglés	Pronunciación
apoyo financiero	financial support	fainánshal sopórt
arancel	tariff	tárif
arancel de aduana	schedule of customs duties	skédiul of cóstums diútis
arancel consular	list of consular fees	list of cónsiular fís
arancel de exportación	export duties	éxport diútis
arancelario	tariff...	tárif...
archivo	files	fáils
arrendamiento	lease; rent	lís; rent
arrendador	landlord	lándlord
arrendante	lessor	lésor
arrepentirse	(to) reconsider	(tu) riconsíder
artimañas legales	legal stratagems	lígal strátayems
artículo (cosa)	item	áitem
artículo (de un contrato)	clause	closs
artículo de marca	trademarked article	tréidmarkd árticol
artículos y servicios	goods and services	guds and sérvices
asamblea	meeting	míting
asesor	consultant; adviser	consóltant; adváisor
asesoría	consultancy; advisory service	cónsoltanci; adváisori sérvis
asociación	association	asouciéishon
asociado	associate	asóushet
atropello	violation	vayoléishon
auto (legal)	decree; writ; warrant	dicrí; rit; wárrant
auto de pago	official demand for payment	ofíshal dimánd for péiment
auto de posesión	writ of possession	rit of poséshon
auto de bancarrota	warrant in bankruptcy	wárrant in bánkroptci

Español	Inglés	Pronunciación
autoridades aduaneras	customs authorities	cóstums othóritis
autorización amplia	full authorization	fúl othoriséishon
autorización de compra	authority to purchase	othóriti tu pérchas
autorización expresa	express authorization	exprés othoriséishon
aval	guarantee	gáranti
avalúo	appraisal, valuation	apréisal, valiuéishon
avalúo fiscal	appraisal for taxation	apréisal for taxéishon
aviso	notification, notice	ñotifikéishon, nóutis
dar aviso	(to) give notice	guív nóutis
aviso oportuno	due notice	diú nóutis
balance	balance	bálans
balance contable	balance sheet	bálans shít
balance de liquidación	balance sheet for termination of business	bálans shít for terminéishon of bísnes
balance de resultados	profit and loss statement	prófit and los stéitment
balance fiscal	balance sheet for income tax report	bálans shít for íncom tax ripórt
balance general consolidado	consolidated balance sheet	consolidéited bálans shít
balanza comercial	balance of trade	bálans of tréid
bancarrota	bankruptcy	báncroptci
banco	bank	bánk
banco de liquidación	clearing house	clíring jáus

Español	Inglés	Pronunciación
banco fiduciario	trust company	tróst cómpani
Banco de Reserva Federal	Federal Reserve Bank	Féderal Risérv Bank
Banco Mundial	World Bank	Wérld Bank
Barras aviadas	stock of a partner who provides no capital	stoc of a pártner ju prováids nou cápital
barras aviadoras	stock of a partner who provides capital	stoc of a pártner ju prováids cápital
base de costo	cost basis	cost béisis
base de efectivo	cash basis	cash béisis
bases	terms; conditions	terms; condíshons
beneficiario	beneficiary; payee	benefíshari; peyí
beneficio fiscal	taxable profit	táxabol prófit
beneficioso	profitable; benefitial	prófitabol; benefíshal
bienes	assets; goods; effects	ásets; guds; ifécts
caducidad	expiration date; due date	expiréishon déit; diú deit
cambio de dólar	dollar exchange	dólar exchéinch
cambio de la libra esterlina	sterling exchange	estérling exchéinch
cancelar	(to) cancel; make void	(tu) cáncel; méik void
cancelar la factura (contabilidad)	(to) receipt the bill	(tu) ricít de bil
cancelar un giro (contabilidad)	(to) honor a draft	(tu) hónor a draft
cancelar una reclamación	(to) settle a claim	(tu) sétol a cléim
capacidad financiera	financial standing	fainánshal stánding

Español	Inglés	Pronunciación
capital accionario o social	capital stock	cápital stoc
capital computable	taxable capital	táxabol cápital
capital fiscal	net worth	net werth
capital propio	equity capital	ékuiti cápital
carta certificada	registered letter	réyisterd léter
carta de crédito	letter of credit	léter of crédit
carta de crédito a la vista	sight letter of credit	sáit léter of crédit
carta fianza	letter of guaranty	léter of gáranti
carta poder	power of attorney; proxy	páuer of atérni; próxi
casa matriz	parent company	pérent cómpani
cédula de aduana	customhouse permit	cóstomjaus pérmit
cédula de cambio	bill of exchange	bil of exchéinch
certificado de incorporación	incorporation papers	incorporéishon péipers
coaseguro	coinsurance	couinshúrans
cobrar	collect (to)	coléct
cobranza	collection	colécshon
cobro	charge	chárch
código de aduanas	Tariff Rules	Tárif rúls
código de barras	bar code	bar cóud
código fiscal	tax laws	tax lós
código mercantil o de comercio condensado	commercial law abridged code	comérshal ló abríchd cóud
condición única	single condition	síngol condíshon
conocimiento de embarque	bill of lading	bil of léiding
consejeros directores	board of directors	bord of dairéctors

Español	Inglés	Pronunciación
contestación	answer; reply	ánser; riplái
contrato de sociedad	partnership contract	pártnership cóntract
contravenir	(to) infringe; violate	tu infrínch; váyoleit
convenio comercial	trade agreement	tréid agríment
convenio de comercio recíproco	reciprocal trade agreement	recíprocal tréid agríment
copia certificada	certified copy	cértifaid cópi
corredor	broker	bróuker
crédito comercial	goodwill	gúdwil
crédito de aceptación	acceptance credit	akséptans crédit
crédito hipotecario	mortgage credit	mórgach crédit
cuentas por cobrar	accounts receivable	acáunts risívabol
cuentas por pagar	accounts payable	acáunts péyabol
cumplir con las especificaciones	(to) meet specifications	(tu) mít specifikéishons
cheque	check	chec
cheque de caja	cashier's check	cashíers chec
cheque certificado	certified check	cértifaid chec
dañado(s)	damaged	dámachd
daños compensatorios	compensatory damages	compénsatori dámaches
daños efectivos	actual damages	ákchual dámaches
daños materiales	property damage	próperti dámach
dar de baja	(to) cancel; eliminate	(tu) cáncel; eliminéit
dar en prenda	(to) pledge	(tu) plech
declaración arancelaria	bill of entry	bil of éntri

Español	Inglés	Pronunciación
defectuoso	defective; faulty	diféctiv; fólti
dejar sin efecto	(to) cancel; annul	(tu) cáncel; anól
delito	felony; crime; offense	féloni; cráim; oféns
delito de incendiar	arson	árson
demanda	claim; law suit	cléim; ló sut
demandar	(to) sue	(tu) sú
demanda judicial	judicial complaint	yudíshal compléint
demandado	defendant	diféndant
demandante	plaintiff	pléintif
depósito	down payment	dáun péiment
depreciar	(to) depreciate	(tu) diprishiéit
derecho de autor	copyright	cópirrait
derecho de entrada	right of entry	ráit of éntri
derecho de retención	lien	líin
derecho de tránsito	freedom of passage	frídom of pasach
derechos de aduana	customs duties	cóstums diútis
derechos de importación	import duty	ímport diúti
derechos de exportación	export duty	éxport diúti
derechos de fabricación o patente	patent royalty	péitent róyalti
derechos de traducción	translation rights	transléishon ráits
derechos portuarios	port duties	port diútis
deterioro	drop	drop
deuda	debt	det
deuda a largo plazo	long-term debt	lóng-term det
devengar	accrue	acrú
devolución (dinero)	return; refund	ritérn; rífond

Español	Inglés	Pronunciación
diagrama	lay-out	léi-aut
días hábiles	working days	wérking déis
día festivo	holiday	jólidei
diario contable	ledger	lédcher
diferir	(to) postpone	(tu) postpóun
dinero en efectivo	cash	cash
disminución	drop	drop
divisas	foreign exchange	fórein exchéinch
documento de crédito	credit instrument	crédit ínstrument
domicilio comercial	business address	bísnes adrés
encuadernación	binding	báinding
endoso	endorsement	endórsment
engañar	(to) cheat; defraud	(tu) chit; difród
entablar demanda	(to) bring suit	(tu) bring sút
entablar reclamación	(to) file a claim	(tu) fáil a cléim
entendimiento (en el)	(in the) understanding	in de onderstánding
entradas netas	net income	net íncom
entrega real	actual delivery	ákchual delíveri
error	error; mistake	érror; mistéik
error de imprenta	typographical error	taipográfical érror
error de pluma (involuntario)	clerical error	clérical érror
estatutos	bylaws	báilos
evadir	(to) evade	(tu) ivéid·
evasión fiscal	tax evasion	tax ivéishon
exceso de utilidades	excess profits	éxces prófits
exento	exempt; clear	exémpt; clíer
exento de impuestos	tax exempt	tax exémpt

Español	Inglés	Pronunciación
expedir	(to) issue	(tu) íshu
expedir un cheque	(to) draw a check	(tu) dró a chec
expedir una factura	(to) make out an invoice	(tu) méik áut an ínvois
factura	invoice	ínvois
fianza	bond	bond
fianza de aduana	custom bond	cóstum bond
fianza de almacén	warehouse bond	wérjaus bond
fianza de declaración de exportación	bond to produce export declaration	bond tu prodiús éxport declaréishon
fianza de embargo	attachment bond	atáchment bond
fianza de entrada	entry bond	éntri bond
fianza de levantamiento de embargo	discharge-of - attachment bond	dischárch- of- atáchment bond
fideicomisario	trustee	trostí
fideicomiso	trust	trost
flete	freight	fréit
franquicia	franchise	fránchais
fusión conjunta	joint venture	yóint vénchur
ganancia a corto plazo	short-term gain	shórt-term guéin
ganancia esperada	anticipated earnings	anticipéited érnings
gastos	expenses	expénses
gastos administrativos	administrative expenses	adminístrativ expénses
gastos de operación	operating costs	óupereiting costs
gastos entre compañías	intercompany expenses	intercómpany expénses
gestor	agent, representative	éiyent, repriséntativ

Español	Inglés	Pronunciación
giro	draft	draft
giro a la vista	sight draft	sáit draft
giro a un día	overnight draft	óuvernáit draft
giro postal	postal money order	póustal móni órder
hacer cumplir	(to) enforce	(tu) enfórs
hechos	facts	facts
hechos probados	proven facts	prúven facts
hipoteca	mortgage	mórgach
impuestos sobre nómina	payroll taxes	péirrol táxes
incumplimiento	default	difolt
industria electrónica	electronics industry	electrónics índostri
insoluto	unpaid; unsettled	onpéid; onsétold
L.A.B. (Libre a Bordo)	F.O.B. (Free on Board)	EF OU BI (Frí on Bord)
libra esterlina	sterling pound	stérling páund
logro	achievement	achívment
mala calidad	poor quality	pur cuáliti
margen de utilidades	markup	márkop
mayorista	wholesaler	jóulseiler
medidas de austeridad	cutback	cótbac
minorista	retailer	ritéiler
moneda débil	soft currency	soft kérrenci
negociable	marketable	márketabol
neto después de impuestos	net of tax	net of tax
pagaré al portador	bearer note	bérer nout
pago de una sola vez	lump sum	lomp sóm
participación en el mercado	market share	márket sher

Español	Inglés	Pronunciación
pasar a pérdidas y ganancias	(to) wright off	(tu) ráit óf
partida, lote	lot	lot
pedir prestado	(to) borrow	(tu) bórrou
pendiente	pending, outstanding (una deuda)	pénding, autstánding
poder notarial	proxy; power of attorney	próxi; páuer of atérni
póliza de aduana	customhouse permit	cóstomjaus pérmit
póliza de compra	bill of sale	bil of séil
precio al consumidor	consumer price	consiúmer práis
predial	property taxes	próperti táxes
prima	premium	prímium
procedimientos	procedures	prousídiurs
programar fechas	(to) schedule	(tu) skédiul
proveedor	supplier	sopláier
puerto de aduana	port of entry	port of éntri
quejas	complaints	compléints
quiebra	bankruptcy	bánkroptci
rara vez	seldom	séldom
rendimiento bruto	yield	yíld
reservas en efectivo	vault cash	vólt cash
salarios	wages	wéiches
saldo acreedor	credit balance	crédit bálans
saldo disponible	balance on hand	bálans on jand
saldos (sobrantes)	rejects	riyécts
saldo no utilizado	unspent balance	onspént bálans
Secretaría de Hacienda y Crédito Público	Treasury Department; Secretariat of Public Credit	Tréshuri Dipártment; Secretariát of Póblic Crédit

Español	Inglés	Pronunciación
Secretaría de Comercio y Fomento Industrial	Secretariat of Commerce and Industrial Development	Secretariát of Cómers and Indóstrial Divélopment
Secretaría de Relaciones Exteriores	State Department; Department of Foreign Affairs	Stéit Dipártment; Dipártment of Póblic Aférs
seguro	insurance	inshúrans
seguro contra accidentes	accident insurance	áccident inshúrans
seguro contra desfalco	embezzlement insurance	embézelment inshúrans
seguro contra falsificación	forgery insurance	fóryeri inshúrans
seguro contra incendio	fire insurance	fáir inshúrans
seguro contra robo	robbery insurance	róberi inshúrans
seguro de gastos médicos	medical insurance	médical inshúrans
seguro de responsabilidad civil	liability insurance	layabíliti inshúrans
seguro de responsabilidades del transportador	carrier's liability insurance	cárriers layabíliti inshúrans
seguro social	social security	sóushal sekiúriti
sellar	(to) stamp	(tu) stamp
sindicato	union; syndicate	yúnión; síndicat
situación de atraso continuo	continuous arrears	contínious arríers
sociedad (social)	society	sousáieti
sociedad (compañía)	association; partnership	asousiéishon; pártnership

Español	Inglés	Pronunciación
sociedad anónima	corporation	corporéishon
sociedad civil	civil corporation	cívil corporéishon
soc. en comandita	limited partnership	límited pártnership
sociedad conyugal	joint ownership of property by husband and wife	yóint óunership of próperti bai jósband and wáif
sociedad de respon-sabilidad limitada	limited-liability company	límited-layabíliti cómpani
sociedad en comandita por acciones	joint-stock company	yóint-stoc cómpani
sociedad familiar	family partnership	fámili pártnership
sociedad de inversiones	investment trust or company	invéstment trost or cómpani
sociedad mercantil	business partnership	bísnes pártnership;
socio	patner; associate	páter; asóushat
socio capitalista	silent partner	sáilent pártner
socio gerente	managing partner	mánaying pártner
socio menor	junior partner	yúnior pártner
socio principal	senior partner	sínior pártner
socio responsable	active partner	áctiv pártner
solvencia	solvency; creditworthiness	sólvenci; creditwérthiness
subpreciar	(to) underprice	(tu) ónderprais
subsecretario	undersecretary	ondersécretari
subsidio	grant-in-aid; subsidy	grant-in-eid; sóbsidi
taller	workshop	wérkshop
tarifa	fee	fí
tarifa fija	flat rate	flat réit
tasa preferencial	prime rate	práim réit

Español	Inglés	Pronunciación
tendencia ascendente	upward trend	ópward trend
terciar	(to) arbitrate	(tu) árbitreit
términos legales	legal terms	lígal térms
testamento	will	wil
títulos y valores	securities	sekiúritis
tramitación	handling	jándling
tribunal	court	córt
usual	customary; usual	cóstumeri; yúshual
uso indebido	infringement	infrínchment
utilidades	profits	prófits
valor al vencimiento	value at maturity	váliu at machúriti
valor neto	net worth	net wérth
valor nominal	face value	féis váliu
vencidos y pagaderos	due and payable	diú and péyabol
vencimiento	maturity	machúriti
vista aduanal	customs inspector	cóstums inspéctor
zona fiscal	taxing district	táxing dístrict

VOCABULARIO LEGAL ESPAÑOL - INGLÉS

Español	Inglés	Pronunciación
absolución	acquittal	acuítal
acciones	shares	shers
accionista	sharecholder; stockholder	shérjoulder; stocjoulder
acta notarial	notarial certificate	notárial certífiket
aconsejar	(to) advise	(tu) advais
Acuerdo del tribunal	Court order	cort órder
Acuerdo de la Junta (Conciliación, arbitraje, etc.)	Board order	bord órder

Español	Inglés	Pronunciación
Acuerdo de Asamblea o del Consejo	Resolution	resolúshon
actuando	acting	acting
acumular	accrue, accumulate	acrú akiúmiuleit
amparo	injunction proceedings	inyónkshon proucídings
a nombre de	on behalf of	on bijaf of
ante (mí)	before (me)	bifór mi
antecedentes	antecedents (de datos) background	anticídents bácgraund
anteriormente	formerly	fórmerli
aplicar	apply	aplai
aprobación	approval	aprúval
aprobar	approve	aprúv
apto	capable	kéipabol
arbitraje	arbitration	arbitréishon
árbitro	arbitrator	arbitréitor
arrendador	lessor	lésor
arrendatario	lessee	lesí
asamblea	meeting	míting
Asamblea extraordinaria de accionistas	Extraordinary stockholders meeting	extrórdineri stocjóulders míting
Asamblea ordinaria de accionistas	Ordinary stockholders meeting	ordineri stocjóulders míting
autoridades	authorities	othóritis
autoridades fiscales	tax authorities	tax othóritis

Español	Inglés	Pronunciación
autoridades laborales	labor authorities	léibor othóritis
avalúo	appraisal	apréisal
aviso comercial	commercial slogan	comérshal sloúgan
aviso de cargo	debit note	Débit nout
aviso de prórroga	notice of extension	nóutis of exténshon
ayuda	aid	eid
bienes raíces	real estate	ríal esteit
cambio de nombre	change of name	cheinch of neim
capital social (sólo cuando es sociedad por acciones)	capital stock	cápital stoc
capital social	corporate capital	corporet cápital
carta poder	proxy	próxi
celebrado	executed	exekiúted
celebrado con	entered into; with;	énterd intu; wid;
celebrado por	entered into between	bituín
certificado	certificate	certífiket
cartificado de invención	certificate of invention	certífiket of invénshon
certificar	(to) certify	(tu) cértifai
cesión	assignment	asáinment
coartada	alibi	álibai
código de comercio	commercial code	comérshal coud
código fiscal	tax code	tax coud
comisario	examiner	exáminer
comprobación de uso	proof of use	pruf of yus
conceder	(to) grant	(tu) grant

Español	Inglés	Pronunciación
concesión	grant	grant
concedido	granted	gránted
conocer	(to) learn	(tu) lern
considerando	whereas	juéras
contrato	contract	cóntract
contrato de arrendamiento	lease agreement	lís agríment
contrato de asistencia técnica	technical assistance contract	técnical asístens cóntract
contrato de autorización de uso	license agreement	láicens agríment
contrato de garantía	security agreement	sikiuriti agríment
contrato de nombre comercial	trade name contract	tréid neim agríment
contrato de prestación de servicios	service contract (contract for rendering of services)	sérvis cóntract (cóntract for réndering of sérvices)
contrato de uso de marca	trademark license agreement	tréidmark láicens
contrato (convenio) modificatorio	modifying agreement (contract)	modifaying agríment (cóntract)
convenio	agrement	agríment
convenir	(to) agree	(tu) agrí
convocatoria	call	col
corretaje	brokerage	broukerach
(en) cumplimiento de	in compliance with	in compláyans wid
cumplir	(to) comply with	(tu) complai wid

Español	Inglés	Pronunciación
de acuerdo con el presente, bajo el presente. Ejem.: This document was issued to the company at the request of the Board of Directors, the company was authorized *hereunder* to purchase 30% of the capital stock of...	hereunder	jíeronder
declaración bajo protesta	declaration under oath	declaréishon onder outh
descargo	acquittal	akuítal
de este (contrato)	hereof	jieróf
desfalco	embezzlement	embézelment
de tal, de ese (contrato)	thereof	deróf
denominación	denomination	denominéishon
denominado de aquí en adelante, denominado en lo sucesivo, denominado en el presente	hereinafter called	jierináfter cold
derechos al gobierno	government fees	governmet fís
Dirección General	General Bureau	yéneral biúrou
Dirección General de Asuntos Jurídicos	General Bureau of Juridical Matters	yéneral biúrou of yurídical máters
Dirección General	General Bureau	yéneral biúrou

Español	Inglés	Pronunciación
de Invenciones marcas y desarrollo tecnológico	of Inventions trademarks and technological developments	of invénshons, tréidemarks and tecnolóyical divélopments
Dirección General de Transferencia de Tecnología	General Bureau of Transfer of Technology	yéneral biúrou of tránsfer of tecnóloyi
ejecutar (firmar un) contrato	(to) execute an agreement	(tu) éxekiut an agríment
ejecutado	executed	exekiúted
en el ramo de	in the field of	in de fild of
escrito	brief	brif
en ese (contrato)	therein	derín
en este (documento)	herein	jierín
en lo sucesivo	hereafter	jiérafter
enmienda	amendment	améndment
escritura	public instrument	póblic instrument
escritura constitutiva	articles of incorporation	árticols of incorporéishon
escrutador	teller	téler
estatutos	by - laws	bái los
estrategia	strategy	stráteyi
expedir, emitir - expedido	(to) issue - issued	(tu) íshu, ishud
fecha de expedición	date of issue	deit of ishu
fecha de vencimiento	expiration date	expiréishon deit
fecha legal	legal date	lígal déit
fideicomiso	trust	trost
fungir	(to) act	(tu) act
fusión	merger	méryer

Español	Inglés	Pronunciación
gastos	expenses	expénses
gestor	representative	repriséntativ
gravable - gravar	taxable	táxabol
(no) gravable	non-taxable	non-táxabol
herencia	estate	estéit
honorarios, derechos	fees	fís
impuesto	tax	tax
Impuesto sobre la Renta	Income Tax	íncom tax
intervenir	(to) intervene	(tu) intervín
jubilado	retired	ritaird
juez	judge	yoch
junta del consejo	board of directors' meeting	bord of dairectors míting
Junta Local de Conciliación	Local Board of Conciliation	loucal bord of conciliéishon
Jurado	Jury	yúri
Juzgado de lo Civil (Segundo)	(Second) Civil Court	second cívil cort
legalización	legalization	ligalaiséishon
Ley de Ingresos	Revenue Law	réveniu lo
Ley de Obras Públicas	Public Works Law	póblic werks lo
Ley del Impuesto sobre la Renta	Income Tax Law	incom tax lo
Ley del Seguro Social	Social Security Law	soushal sikiúriti lo
Ley Federal de Protección al Consumidor	Federal Consumers Protection Law	federal consiumers protekshon lo

Español	Inglés	Pronunciación
Ley General de Sociedades Mercantiles	General Corporation Law, General Law of Mercantile Companies	yéneral corporéishon lo yéneral lo of mercantail companis
lista de asistencia	attendance list	aténdans list
los considerandos Ejem.: *Whereas,* the company requires technical assistance; *whereas,* Acme, S.A. is able to provide such assistance; *whereas,* etc. (puede equivaler a las declaraciones de un contrato en español).	whereas	juéras
malversación	embezzlement	embézelment
marca	trademark	tréidmark
mediante el cual	whereby	juérbai
mediante el presente. Ejem.: We *hereby* confirm our telex... etc.	hereby	jíerbai
multa impuesta	fine levied	fain lévid
nombre comercial	commercial name	comérshal néim
Notario público	Notary public	nóutari póblic
Oficina de Marcas	Trademark Office	tréidmark ófis
Oficina de Patentes	Patent Office	péitent ófis

Español	Inglés	Pronunciación
oficio	official communication	ofíshal comiunikéishon
orden del día	agenda	ayénda
otorgar	(to) grant	(tu) grant
Padrón de Proveedores Extranjeros de la Secretaría de Programación y Presupuesto	List of Foreign Suppliers of the Secretariat of Programming and Budget	list of fórein soplayers of de secrétariat of próugraming and bódyet
patente	patent	péitent
(Patente) Registro de modelo	Design Patent	disáin péitent
pensionado	pensioned	pénshond
poder	power (of attorney)	pauer of atérni
poder para actos de administración	power (of attorney) for acts of administration	pauer of aterni for acts of administréishon
poder para pleitos y cobranzas	power (of attorney) for lawsuits and collections	pauer of atérni for lósuts and colécshons
Por el cual, por la cual, por lo cual mediante el cual, mediante la cual. Ejem.: The Secretariat of Foreign affairs granted a permit on March 1st, 1985,	Whereby	juerbai

Español	Inglés	Pronunciación
whereby the company was authorized to sell 10% of its shares.		
por lo tanto	therefore	dérfor
posteriormente (cuando se habla de una fecha) Ejem.: We wil have the last meeting next Saturday, *thereafter* the decisions will not be changed.	thereafter	deráfter
plantear	(to) pose, raise an issue	(tu) pous, reis and íshu
presentar un documento	(to) file(with or before)	(tu) fail (wid or bifór)
prestación (dar)	render; provide fringe benefit	réndering; provaiding bénefit
prestar servicios (un funcionario o empresario)	(to) perform services	(tu) perfórm sérvices
presidir	(to) preside	(tu) prisaid
presidir la asamblea	(to) preside over the meeting	(tu) prisaid óuver de míting
prórroga	extension	exténshon
promedio	average	áverach
proyecto, borrador	draft	draft

Español	Inglés	Pronunciación
ramo	fied	fild
realizado	executed	exekiuted
recurso interpuesto	recourse for review	ricórs for riviú
redactar	(to) draft (to) edit	(tu) draft, (tu) édit
registro	registration	reyistréishon
Registro Federal de Causantes	Federal Tax Registration	federal tax reyistréishon
Registro Público de la propiedad	Public Registry Property	póblic réyistri of de próperti
(en) representación	On behalf of	on bijaf of
renovación	renewal	riniúal
revocar	(to) revoke	(tu) rivouk
robo	larceny	lárceny
Secretaría de Agricultura y Recursos Hidráulicos	Secretariat (Ministry) of Agriculture and Hidraulic Resources	secrétariat (mínistri) of agricolchor and jaidrolic resórces
Secretaría de Comercio y Fomento Industrial	Secretariat (Ministry) of Commerce and Industrial Development	secrétariat (mínister) of cómers and indóstrial divélopment
Secretaría de Energía, Minas e Industria Paraestatal	Secretariat (Ministry) of Energy, Mining and Parastate Industry	secrétariat (mínister) of éneryi, máining and parasteit índostri

Español	Inglés	Pronunciación
Secretaría de Gobernación	Secretariat (Ministry) of the Interior	secrétariat (mínistri) of the intírior
Secretaría de Hacienda y Crédito Público	Secretariat (Ministry) of the Treasury and Public Credit (The Federal Treasury)	secrétariat (mínistri) of tréshuri and póblic crédit (de féderal tréshuri)
Secretaría de Relaciones Exteriores	Secretariat (Ministry) of Foreign affairs	secrétariat (mínistri) of forein aférs aférs
según	as per	as per
situación actual del juicio	present status of the suit	présent steitus of de sut
sociedad	company; enterprise	compani; enterpráis
Sociedad Anónima	Stock Corporation	stoc corporéishon
Sociedad Anónima de Capital Variable	Stock Corporation of Variable Capital	stoc corporéishon of váriabol cápital
Sociedad de Responsabilidad Limitada	Limited Liability Corporation	límited layabíliti corporéishon
Solicitud	Application; petition	aplikéishon; petíshon
someter	(to) submit	(tu) sobmít

Español	Inglés	Pronunciación
sucursal	branch	branch
Suprema Corte de Justicia	Supreme Court of Justice	suprím cort of yóstis
suscribir	(to) subscribe	(tu) soscráib
suscrito por	executed by	exekiúted bai
sustitución	substitution	sobstitúshon
sustituir	(to) substitute	(tu) sóbstitiut
testimonio	testimony; certified copy	tést; mouni; certifaid copi
título de crédito	credit instrument	crédit instrument
títulos de acciones	stock certificates	stoc certífikets
título definitivo	final stock certificate	fainal stoc certífiket
traducción	translation	transléishon
tramitar	to apply (for); to process; to take action (before)	tu aplai (for); tu próuces; tu teik ákshon (bifór)
trámites	proceedings	proucídings
transferencia de tecnología	transfer of technology	transfer of tecnóloyi
Tribunal (Menor)	Lower Court	lówer cort
Tribunal Colegiado	Multi-Panel Court Multi-Justice Court	molti-panel cort molti-yostis cort
Tribunal Superior de Justicia	Superior Court of Justice	sopírior cort of yóstis
valor nominal	par value	par váliu
verificar	(to) verify	(tu) vérifai
(en) vista de lo anterior	in view of the above	in viú of di abóv

CAPÍTULO XVII
Abreviaturas en inglés

*E*s importante conocer cómo se abrevian algunas palabras, frases y modismos en el idioma inglés, ya que suelen utilizarse mucho en los telegramas y en la correspondencia entre dos empresas o personas que se conocen desde hace tiempo.

Mientras más confianza se tengan los socios, más fácil se vuelve la correspondencia.

Estoy segura de que todas estas abreviaturas le aclararán sus dudas (cuando aparezcan en una carta, periódico o telegrama), o bien, le pueden ayudar a tener un mayor dominio del inglés y así causar una mejor impresión ante sus asociados, clientes y proveedores.

Abreviatura	Significado en Inglés	Significado en Español
A.A.A.S.	American Asociación for the Advancement of Science	Asociación Americana para el Avance de la Ciencia.
A.B.	Bachelor of Arts	Licenciado en Artes
A.C.	alternating current (electr.)	corriente alterna
A.D.	Anno Domini	d.C. (después de Cristo)
acct.	account	cuenta

Abreviatura	Significado en Inglés	Significado en Español
agcy.	agency	agencia
a.m.	ante meridiem	a.m. (antes del mediodía)
ASAP	as soon as possible	lo más pronto posible
A.S.C.E.	American Society of Civil Engineers	Sociedad Americana de Ingenieros Civiles
A.S.M.E.	American Society of Mechanical Engineers	Sociedad Americana de Ingenieros Mecánicos
assoc.	association	asociación
A.S.T.M.	American Society for Testing Materials	Sociedad Americana para la Prueba de Materiales
B.A.	Bachelor of Arts	Licenciado en Artes
B.C.	before Christ	a.C. (antes de Cristo)
B.O.T.	Board of Trade	Junta de Comercio
B.Sc.	Bachelor of Science	Licenciatura en Ciencias
B.T.U.	British Thermal Units	Unidades Térmicas Británicas
Capt.	Captain	Capitán
cap.	capital	capital
catal.	catalogue	catálogo
c.c.	cubic capacity	capacidad cúbica
cc:	carbon copy	con copia para (c.c.p.:)
C.E.O.	(Chairman of the Board); Chief executive officer	Presidente del Consejo
C.I.O.	Congress of Industrial Organizations	Congreso de organizaciones industriales

Abreviatura	Significado en Inglés	Significado en Español
C.O.B.	Chairman of the Board	Presidente del Consejo
C.O.D.	cash/collect on delivery	C.O.D. (cobrar o devolver)
Col.	Colonel	Coronel
Corp.	Corporation	corporación
C.P.A.	Certified Public Accountant	Contador Público Titulado
cts.	cents	centavos/céntimos
c.w.o.	cash with order	orden de efectivo
D.A.R.	Daughters of the American Revolution	Hijas de la Revolución Norteamericana
D.C.	Direct Current (electr.)	corriente directa
deg.	degree	grado
dg.	decigram	decigramo
diam.	diameter	diámetro
diff.	difference	diferencia
dim.	diminutive	diminutivo
dipl.	diplomatic	diplomático
disc.	discount	descuento
div.	division	división
dkl.	dekaliter(s)	decalitro(s)
dm.	decimeter/decameter	decímetro/decámetro
doll.	dollar	dólar
doz.	dozen	docena
Dr.	doctor	doctor
dup.	duplicate	duplicado
dwt.	pennyweight	24 gramos
E.& O.E.	error and omissions excepted	con excepción de los errores y omisiones

Abreviatura	Significado en Inglés	Significado en Español
edit.	edited	editado
E.E.&M.P.	Envoy Extraordinary and Mister Plenipotentiary	Enviado Extraordinario y Ministro Plenipotenciario
elect.	electric	eléctrico
engin.	engineering	ingeniería
Esq.	Esquire	Título que se utiliza en la Gran Bretaña en lugar de *Mr.*
exc.	except.	excepto
ex div.	without dividends	sin dividendos
F.A.G.S.	Fellow of the American Geographical Society	Miembro de la Sociedad Americana de Geografía
Fahr./F°	Fahrenheit	Fahrenheit (se refiere a los grados)
fam.	familiar	familiar
F.A.M.	Free and Accepted Masons	Masones Libres y Aceptados
FBI	Federal Bureau of Investigation	Oficina Federal de Investigaciones
F.B.S.	Fellow of the Botanical Society	Miembro de la Sociedad Botánica
Fed.	Federal	Federal
fid.	fiduciary	fiduciario
f.o.b.	free on board	libre a bordo
foll.	following	a continuación
fr.	francs	francos franceses
f.o.r.	free on rail	libre en la estación ferroviaria

Abreviatura	Significado en Inglés	Significado en Español
F.R.C.P.	Fellow of the Royal College of Physicians	Miembro del Colegio Real de Médicos
F.R.I.B.A.	Fellow of the Royal Institute of British Architects	Miembro del Instituto Real de Arquitectos Británicos
ft.	foot/feet	pie(s)
FTC	Federal Trade Commission	Comisión Federal de Comercio
gals.	gallons	galones
G.B.	Great Britain	Gran Bretaña
G.B. & I.	Great Britain and Ireland	Gran Bretaña e Irlanda
GP	General Practitioner (UK)	Doctor
gaz.	gazette	gaceta
g.c.d.	greatest common divisor	el mayor divisor común
Gen.	General	General
G.H.Q.	General Headquarters	Cuarteles Generales
Gov.	Governor	Gobernador
G.P.O.	General Post Office	Oficinas Centrales de Correo
H.B.M.	Her/His Britannic Majesty	Su Majestad Británica
h.c.f.	highest common factor	factor común más alto
hdkf.	handkerchief	pañuelo
hq.	headquarters	cuartel/oficinas generales
H.I.H.	His (Her) Imperial Highness	Su Alteza Imperial
H.I.M.	His (Her) Imperial Majesty	Su Majestad Imperial
H.H.	His (Her) Highness	Su Alteza
H.L.	House of Lords	Cámara de Lores en el Parlamento Británico

Abreviatura	Significado en Inglés	Significado en Español
H.M.	His (Her) Majestey	Su Majestad
H.M.S.	His (Her) Majesty's Service	Al Servicio de su Majestad
Hon.	Honorable	Honorable (título nobiliario británico)
H.R.H.	Her (His) Royal Highness	Su Alteza Real
ht.	height	altura
I.C.C.	Interstate Commerce Commission	Comisión Interestatal de Comercio
id.	*ídem*	*ídem*
i.e.	*id est* (for example)	es decir; esto es; por ejemplo
i.h.p.	indicated horsepower	caballos de fuerza indicados
inc.	including/incorporated	incluyendo/ incorporado
in loc. cit.	in the place cited	en el lugar citado
I.N.S.	International News Service	Servicio Noticioso Internacional
Int. Rev.	Internal Revenue	Oficina de Impuestos de E.E.U.U.
I.O.U.	I owe you	pagaré
I.Q.	intelligence quotient	I.Q.
I.R.S.	Inland Revenue Service (U.K.)	Oficina de Impuestos
J.C.	Jesus Christ	Jesucristo
Jr.	junior	júnior
K.K.K.	Ku-Klux-Klan	Ku-Klux-Klan
k.o.	knock-out	knock-out (boxeo)
kw.	kilowatt	kilowatt
lat.	latitude	latitud

Abreviatura	Significado en Inglés	Significado en Español
lb.	pound(s)	libra(s) (peso)
L/C	letter of credit	carta de crédito
l.c.d.	lowest common denominator	el menor denominador común
Lieut.	Lieutenant	Teniente
m.	married	casado(a)
Maj.	Major	Mayor (ejército)
manuf.	manufacturer	fabricante
mar.	maritime	marítimo
math	mathematics	matemáticas
meas.	measure	medida
med.	medical	médico
MD	Managing Director	Director General
mfd.	manufactured	fabricado
Mgr.	Manager	Gerente
milit.	military	militar
ml.	millilitre	mililitro
misc.	miscellaneous	varios
mm.	millimeter(s)	milímetros
M.O.	Money Order	Orden de Efectivo
M.P.	Member of Parliament	Miembro del Parlamento
m.p.h.	miles per hour	millas por hora
Mt.	Mount/Mountain	Montaña/Monte
N/A	not applicable	no acreditable
nat'l	national	nacional
naut.	nautical	náutico
neg.	negatively/negative	negativamente/negativo
net wt.	net weight	peso neto
Nos.	numbers	números

Abreviatura	Significado en Inglés	Significado en Español
n.s.	not sufficient	insuficiente(s)
N.	North	Norte
N.E.	North East	noreste
N.W.	North West	noroeste
o/a	on account	a cuenta
O.K.	all correct	visto bueno
oz.	ounce	onza
p.	page	página
Pat.Off.	Patent Office	Oficina de Patentes
pc.	piece/price	pieza/precio
p/c	petty cash	fondo de caja chica
per an.	*per annum*	por año
per ct	percent	por ciento
pert.	pertaining	relativo a
pes.	peseta	peseta
phtog.	photografic/photography	fotográfico/fotografía
pkg.	package	paquete
pl.	place	lugar
pls.	please	por favor
pltff.	plaintiff	demandante
P.M.	post meridiam	p.m. (después del mediodía)
P.O.	post office	oficina de correo
P.O. Box	Post Office Box	apartado postal
P.O.D.	Pay on Delivery	Pagar al entregar
P.O.W.	Prisoner of War	Prisionero de guerra
pp.	pages	páginas
P.S.	Postcript	Postdata
P.T.O.	Please Turn Over	Por favor, vuelva la página

Abreviatura	Significado en Inglés	Significado en Español
pwt.	pennyweight	24 gramos
P.X.	please exchange	por favor, haga el cambio
Q.E.D.	quod erat demonstrandum	lo cuál debíamos demostrar
Q.E.F.	quod erat faciendum	que era lo que se trataba de hacer
qt.	quart	cuarto de galón
Q.&A.	Questions and Answers	Preguntas y Respuestas
quot.	quotation	cita
ref.	reference	referencia
rep.	representative	representante
Rev. Stat.	Revised Statutes	Estatutos revisados
Rd.	road	calle
RFC	Reconstruction Finance Corporation	Corporación de Reconstrucción Financiera
R.I.P.	*requiescat in pace* (Rest in peace)	descanse en paz
r.p.m.	revolutions per minute	revoluciones por minuto
r.p.s.	revolutions per second	revoluciones por segundo
R.S.V.P.	*Répondez s'il vous plaît*	Sírvase responder por favor
Rt. Hon.	Right Honorable	El Honorable, título nobiliario británico
S.	South	Sur
Sec.	Secretary	Secretario
Sen.	Senator	Senador

Abreviatura	Significado en Inglés	Significado en Español
sq.	square	cuadrado
St.	Saint/Street	Santo/calle
S.E.	South East	sureste
S.W.	South Westh	Sudoeste
U.K.	United Kingdom	Reino Unido
v.	versus	contra
Vice Pres.	Vicepresidente	Vicepresidente
vol.	volume	volumen
W.	west	oeste
w.c.	water closet	baño
wk.	week	semana
wpm	words per minute	palabras por minuto
x-cp.	without coupon	sin cupón
x-div.	without dividend	sin dividendos
Xmas.	Christmas	Navidad

Esta edición se imprimió en Septiembre 2012. Grupo Impresor
Mexicano Oriente 225 #232 Col. Agrícola Oriental México, D.F. 08510